In Memory of Mr. Chu Ka Kwong, my beloved uncle, my first and life-time mentor of business.

谨以此书献祭朱嘉光先生，
我敬爱的叔父，我的第一位商业启蒙老师。

Ben 教你做采购

朱子斌
（Ben）
著

金牌
外贸业务员
也要学

中国海关出版社有限公司
·北京·

图书在版编目（CIP）数据

Ben 教你做采购：金牌外贸业务员也要学 / 朱子斌著 . -- 北京：中国海关出版社有限公司，2020.1
ISBN 978-7-5175-0386-6

Ⅰ . ① B… Ⅱ . ① 朱… Ⅲ . ① 对外贸易—采购管理
Ⅳ . ① F740.4

中国版本图书馆 CIP 数据核字（2019）第 217582 号

著作权合同登记号
图字：01-2019-6771

Ben 教你做采购：金牌外贸业务员也要学
BEN JIAO NI ZUO CAIGOU：JINPAI WAIMAO YEWUYUAN YE YAO XUE

作　　者：	朱子斌（Ben）
策划编辑：	马　超
责任编辑：	郭　坤
责任监制：	赵　宇

出版发行：	中国海关出版社有限公司		
社　　址：	北京市朝阳区东四环南路甲 1 号	邮政编码：	100023
网　　址：	www.hgcbs.com.cn；www.hgbookvip.com		
编 辑 部：	01065194242-7585（电话）	01065194234（传真）	
发 行 部：	01065194221/4238/4246/4227（电话）	01065194233（传真）	
社办书店：	01065195616/5127（电话 / 传真）	01065194262/63（邮购电话）	
印　　刷：	北京鑫益晖印刷有限公司	经销：新华书店	
开　　本：	710mm×1000mm1/16		
印　　张：	12.75	字数：189 千字	
版　　次：	2020 年 1 月第 1 版		
印　　次：	2020 年 1 月第 1 次印刷		
书　　号：	ISBN 978-7-5175-0386-6		
定　　价：	58.00 元		

海关版图书，版权所有，侵权必究
海关版图书，印装错误可随时退换

序 言

我说过，不论中外，采购都不是一个值得年轻人加入的行业。

一直以来，采购员的名声都不怎么好。多少次我跟别人说起我在世界500强企业当了很久的采购员，他们的第一反应都是："啊，回扣很多吧？"

一直以来，采购都不是特别受重视的职业。说到底，采购员不是为公司赚钱，而是帮公司花钱的。

一直以来，采购都说不上是一个专门的职业。抛开医生、律师等职业不说，即便同属商业范畴的会计师、核算师都要满足一定资质才能上岗，而采购在国内连个比较有影响力的行业标准都没有。

对一个花了近二十年时光在采购领域的人来说，这是一件相当遗憾的事。

明明，采购是一个需要多学习和训练才能做得好的专业岗位；

明明，采购是一个特别需要自律和职业操守的高级职位，德艺必须双馨；

明明，采购员是完全把控了公司竞争力的重要人群——业务接不接得成还得看采购员。

因此，我想写一本书，把我懂的、关于国际采购的所有事都写出来。它就算不是教科书，我也希望它成为每个从事国际贸易买与卖的人都必然看过的一部经典。这是一件我很想做的事——把我多年积累的采购知识分享出来，让新一代采购员和业务员有个入门学习的方向。

关于采购的书不论中外都少之又少。大部分书都喜欢从更庞大的"大供应链运营"的角度出发，把库存甚至运输等也列入书中范围。"运营"当然也是相当重要的事，但从这个角度去写作的话，采购员就会变成一个小角色，说得不多也不深。本书专注的"采购"，是跟供货商短兵相接的采购，全书由六部分组成，大致把采购的种种都包括了，相当适合三个人群阅读：采购员、外贸员、企业主。这是一本采购员的专业手册、外贸员知己知彼的宝典，更是企业主的"建军指南"。

每个小男生成长过程中都需要一位偶像，我很幸运，我的偶像就是我的叔父朱嘉光先生，我与他的距离是这么近，让我得以陪伴在他的左右，聆听他的教诲。写作本书一年间，我的叔父也在病床上奋斗着。叔父在我心中是一位传奇人物，自小离家远行从商。50年来做过数不清的生意，屡败屡战，晚年终于事业有成。叔父不只教我商业的思维与技巧，还教会我商人应具有的灵魂和勇气。他在与癌症奋战一年后，也就是本书即将完成之时，与世长辞。故，我希望能把此作献给他，以作纪念。

朱子斌（Ben）[①]

2019 年 10 月

[①] 因为朱子斌的英文名为 Ben，广大粉丝亲切地称其为 Ben 叔，书中作者也自称 Ben 叔。

目录

第一章　做采购必懂的成本概念　01
不是谁都懂的成本 ·· 03
知识成本（Cost of Knowledge）····························· 04
开发成本（Cost of Development）························· 08
商誉成本（Goodwill Cost）··································· 09
机会成本（Opportunity Cost）····························· 10
资金成本（Cost of Fund）····································· 12
风险成本（Cost of Risk）····································· 14
初始成本（Setup Cost）·· 15
质量成本（Quality Cost）····································· 16
支出管理 ·· 17

第二章　贴合产品周期去采购　25
4P 与采购 ·· 27
采购与产品周期 ·· 29

第三章　采购人员强大沟通力养成记　41
日常沟通：流程化、标准化 ··································· 43
年度沟通：充满仪式感 ··· 51
沟通技巧：善用两种声音 ······································· 53
供货商大会：高效沟通 ··· 54
非正式沟通：助力器 ··· 55

合同：不是只有一种·· 57
　　优质客户：提高自己的优先级·································· 62
　　投诉业务员：善用权利·· 66

第四章　采购的核心策略　69
　　双重来源策略（Dual Source Strategy）：大买家的"备胎"策略····· 71
　　价值工程（Value Engineering）：让石头能钻出血来············· 75
　　换掉供货商（Supply Shift）：如何偷偷换掉供货商············· 77
　　采购漏斗（Sourcing Funnel）：采购界的客户关系管理··········· 81
　　培养供货商（Supplier Development）·························· 86
　　深入解读采购四象限·· 90

第五章　供货商管理实务　107
　　一线采购员：如何寻找供货商·································· 109
　　Ben 叔去看厂·· 124
　　合格供货商名录·· 130
　　供货商考评·· 132

第六章　采购团队建设　149
　　内部养成的采购部·· 151
　　采购员入职前三个月的学习指南································ 152
　　500 强企业的采购组织·· 160
　　3 至 5 人小采购团队·· 165
　　采购部人事管理·· 171

后记　Ben 叔的职业生涯　185

第一章 做采购必懂的成本概念

CHAPTER ONE

我记得初当采购员时，看到什么生活用品都觉得贵。"这玩意儿哪值那么多钱呀？！"我当时的女朋友应该就是这样被我气跑了。不错，我这个职业病估计很多采购员都有。由于工作的需要，我们会很习惯地对产品进行分析。先从物料算起，"这用纸太浪费"，再到更高层次的成本分析，如，"这里租金那么贵，这碗面太便宜，会不会赔死老板？"直到最后，"以这样的成本结构，这生意大有可为啊"。这就是从成本的直觉进化到对生意的直觉、商机的直觉。

成本是采购之本，可以说是入门第一课，因此我放在第一章。本章主要分两部分。首先我会谈一谈比较容易忽略的成本。如果你问任何一个采购人或会计人，成本是怎样算的，那答案必定是材料＋人工＋费用（Material＋Labour＋Overhead）。这是人人都懂的成本，我也无须多言。要是你真的不懂就去网上找找吧，太简单了。我在这写的"不是人人都懂的成本"，包括九个你常常会接触但又不细想的成本。不论你是买方还是卖方，搞懂这些成本会让你更全面地了解产品。

本章第二部分是"支出管理"。这是一个了解企业成本结构的利器，通过了解支出与品类、供货商等的关系，可以帮助你了解自己的现状，制定采购策略。

不是谁都懂的成本

明朝末年,兵荒马乱,地方军队节节败退,但皇上却永远只听到捷报:"兵部侍郎领兵杀贼,连战数月,杀贼兵数万!"朝野上下额手称庆,一时间歌乐大起,宫廷内,战云早已烟消云散,又是一片太平盛世。

好吧,连战数月,杀贼数万?怎么不报一报死伤十万?今时今日,我们回头一看,固然觉得可笑,觉得皇上您怎能如此无知、如此无能,难怪亡国了。

但看到这里,Ben 叔建议你先别笑。因为,很有可能,你正在做跟皇上同样的事,同样的无能而不自知!看看以下的例子:

某产品经理在周年会议上发表报告说:"我司经过千辛万苦,在同事们共同努力,以及(最重要)我的带领下,新研发的产品带来了骄人的成绩,我们成了市场的领导者!"众人鼓掌落泪,都被这振奋人心的演说感染,纷纷感慨自己的青春没有白花在这家企业上。老板满意地点头,重重地拍拍他的肩膀说:"干得漂亮。"产品经理下台后,下一个报告的是财务总监。他的报告不是那么讨喜:"新产品利润奇低。我方为抢市场降价求售,先伤己后伤人。我们的王牌产品也被新产品挤压了利润空间,价量齐跌……"

这不就是"杀贼一万,损兵九万"的戏码吗?不幸的是,这种事在大小企业中不断地发生。会计会记录清楚账面上的成本没错,可是账面上的成本往往只是冰山一角，真正的得失是不容易量化在账上的，只能靠老板通透的目光去发现。

　　本节我会为大家介绍一些<u>不一定会量化在账上的成本</u>。拥有强大会计成本分析系统的 500 强大企业还是会量化一部分这些成本的，但一般中小企业都没有这样做。我并不认为大家真的有必要把这些成本都转化为一个账目上的数字，这样可能太难了，成本也太高，也不是很有必要，但我认为大家必须把这些成本放在心中，日后必有其用。

知识成本（Cost of Knowledge）

　　在我采购生涯的初期，就是我刚学会算成本之时，我犯过一个低级小错误，被嘲笑了一番。具体是这样的：当年我刚学会计算一个抽屉（应该说，那是人体工学设计产品才对，但我真的没觉得它有什么特别）的成本。由于它是五金为主的产品，算法相当简单，基本上"物料+人工+费用"就可以了。满怀自信的我开始将同样的方法搬到另一个新项目上，结果却完全不同了。这次我做的是电子产品，用同样方法做所谓的必要成本分析（Should Cost Analysis），结果出来后，居然比最低报价还要低很多。"物料+人工+费用"不到报价的一小半！年少无知的我把这事跟老板报告了，我以为自己发现了惊天大秘密，结果换来老板的一阵冷笑。老板说我算错了，不能这样算成本的。当时我没明白为何，但已经看了本节标题而又聪明的你，相信已经有答案了。

一、知识既有成本也有价值

　　没错，知识是有成本也有价值的，所以才派生出知识产权和知识经济这些词语。电子产品不少都有软件的部分,芯片上的线路都是电子工程师智慧的结晶,不是只有硅胶和铜(Silicone and copper)。知识成本跟研发(Research and Development,R&D)有关,高深的技术都是无形的、看不见的,看得见摸得到的芯片只是一个载体而已。灵魂远比肉体高"贵"。

举一个更浅显的例子你会更明白:书籍。想象一下,纸张加印刷占了图书成本的多少?具体我不知道(虽然我是一位作者),但比例肯定不会高。书籍的真正成本与价值是作者的脑力,是作者"胸中的墨水"有多少,以及表达的功力有多高(写作水平、技巧与表达能力),再加上营销、分销等成本,而物料和加工成本在总成本中的比例不会太高(电子书更是如此)。

二、将知识成本用分摊法入账

一般来说,知识成本可以用分摊的方法入账。假设,包括所有的研发人员工资和外购技术等,你花了一千万元的成本在项目的研发上,然后一年以来此产品卖出了一千万件,那么一件产品知识成本可以很简略地说是一元。很简单,是吗?那么你想想以下两个问题:

第一千万零一件产品的知识成本是多少呢?成本还是一元吗?还是变成零成本了?

我能不能按照两年的销售量来计算这个成本?这样,每一件产品的知识成本变成五毛钱,我的成本低了很多!

以上这两条,都没有标准答案,完全看公司会计怎样看待和定义。要是今年公司总成本太高了,那么就摊两年,报表会比较好看;要是想趁今年利润不错早点消化这个成本,让明年的盈利少一点风险,那就全入今年。

三、研发与投入

一家企业要掌握一种关键技术，往往需要多年的研发和投入。听起来很笨，但其实这是高级玩家的一个策略。因为只要研发有成果，就可以转化为企业的长期竞争力，轻易把对手抛离，并制造门槛，在市场上占据重要地位。一家长时间专注某行业的公司，必然对自己领域的竞争节点有深刻的认识。水产行业必然对如何更有效保持水产品新鲜感兴趣；电池行业则在想如何将产品做得更小、功率更高。这些改变，都需要有专业人士花资源才能研究出来。投入的方向大致上都是围绕以下两个。

（一）让产品更好、更有价值

不管你有多天花乱坠的商业模式，请不要忘记，客户最终只会为你的产品买单。所以，重金投入研发对客户有价值的产品是王道，是很合理的选择。一些能改变行业规则的关键技术，不一定如上所说是由品牌或产品方自主研发和拥有的，可能会以第三方独立的商业形态存在，经过不同形式的合作，最终展现在消费者面前。一个绝佳的例子：电子墨水（Electronic Ink）。

Kindle 与电子墨水

电子书有无数个普及于世的理由：更环保、更便宜、更宜传播。可是，"长期看着电子屏幕眼睛会痛"这一点是过往电子书发展的一个大阻力。Kindle 作为电子阅读器的领袖，必定是要解决这一痛点的。而电子墨水的优点是适合长期阅读，缺点是反应不快，并不适合看电视视频等，所以它可以说是为阅读电子书而生的一种科技。然而此技术并不是由 Kindle 这个行业领袖自主研发的。电子墨水诞生于麻省理工的实验室，后来被中国台湾知名大企业收购。Kindle 没有自己投入电子墨水的研发，而是以购买部件的方式"获取"此技术，然后制造出更有价值、门槛更高的电子阅读器产品。虽然方式有别于自主投入资源，却同样是以远高于"物料＋人工＋费用"的价格购买知识，获得科技资源。

知识是有成本的。不管用什么形式得到知识的结晶，其代价都是需要计入成本的。

（二）让生产更有效率

除了"做更好的产品"外，"更有效率的生产"也是一个好的研发方向。高效的生产线意味着竞争力，意味着更大限度地分摊初始成本、更低的人工成本、更好的原材料使用率、更高的质量与良品率。想象一下，如果今天你有一个比可口可乐更高效生产碳酸饮料的方法，并受专利保护，那么我有理由猜测，明天就会有可乐公司的人来找你聊天，谈谈合作的事。

生产效率可直接演化为有竞争力的报价，让企业赢在起跑点。我可以举一个我亲身经历的例子说明一下。多年前我在家用五金行业工作，当时有一家优秀的厂家，老板是很典型的生产技术狂热分子，闲来无事就爱研究机器。有一次他告诉我，他正在研究一个新的冲压技术，能把产能提高三倍。这就意味着，本来一小时能做 1 000 个产品，使用他研究的新设备后则可以做 3 000 个。他很热情地为我讲解，我边点头边笑着问他："我的订单是不是准备减价了？"聪明的老板说，当然可以啦，只要我们多三倍的订单……

知识不只改变命运，而且还能改变报价。

我接触的国内中小企业大多都是贸易和生产型的，很少会接触长期、大型投资，知识成本可能不会直接产生。但是下一部分的成本就相对常见了，以下我们聊聊"开发成本"。

开发成本（Cost of Development）

我写过一些关于"帮老外搞了几个月新品但他最终没下单"的案例，这些可以说是相当经典的外贸陷阱了。具体是这样的：老外很热情地让你觉得你们合作很有希望，然后跟你聊起他梦想中的产品将会如何成功，只要你做出来他就能卖光。我很少把工作跟人格挂钩，但是这事儿上，不得不说是真的考验采购经理的人格。就如以上所说的情况，前期设计甚至模具做出来后却没下单，采购经理可能有以下两种不同的反应。

－在我们没有合同和订单前，一切事情都只是口头上的探讨，没有责任必买必卖。所以，这只是你（工厂、供应方）为了做成生意而愿意冒的风险而已，我们从没有要求供货商做什么事。

－我也知道对不起工厂，可最终项目没有做下来，我也没有订单给他们，我们本身也是受害人。

这种万年坑，买方有没有做错，完全取决于采购经理跟工厂的沟通上。要是采购员品行不好，就可能作出各种口头承诺，刚巧又碰上天真工厂、天真老板，那就真的让人血本无归了。有的工厂会比较乐观，觉得反正没有开模具，自己只是设计了些东西，跟进了些事项而已，就算停了也不算损失太大。要是这样，也不错，至少你了解自己的成本，只是你选择了赌一赌运气，虽死无憾。但我也建议你别小看这些"设计一下，跟进一下"。一年下来如果你有好几个这样的失足项目的话，你的外贸部就白搭了。

弄清开发成本与研发成本

以上这种正是所谓的"开发成本"。但严格地说,对一般国内OEM(Original Equipment Manufacturer,外贸中俗称"加工贸易")工厂而言,这只是"协助开发成本",只是被动地协助客户开发,属于很小的开发成本。更大的开发成本通常由真正拥有自主产品开发(不是研发)功能的企业承担。

一些小企业会有自己的研发部,负责产品的开发。但严格地说,"研发部"应该改称"产品开发部"——只有开发(Development)而没有研究(Research),因为他们没有大到能研究出可以申请专利的技术来,所以也说不上是研发(R&D)。一般中小企业的"研发部"做的都是搞搞产品的外形设计,让产品功能上有一些提高之类的工作。但这又确实是有投入的,研发部人员的薪资、器材的投入、各种费用(overhead),都是成本。这样的话,开发成本就产生了。至于模具、夹具等实体的投入,是否也属于一个项目的开发成本呢?答案不一。这些可以纳入项目固定成本,但却不一定叫作开发成本。具体按公司的会计标准定义。

跟以上"知识成本"比较,开发成本应该是规模小一些的。重点在于"研发"或"开发",这是两个不同层面的事情。"知识/研发成本"应该放在研发部门,而"开发成本"则属于产品部门。

商誉成本(Goodwill Cost)

会计上有一个项目,叫作"商誉"。能计算上这一项的,基本上都是大企业。

常常听到老板们说搞宣传的钱"打水漂"了。几十万元、几百万元钱扔进去，究竟得到了什么呢？同样的问题，如果我们去问一个国际大企业的CEO（Chief Executive Officer,首席执行官），他会告诉你，钱，是投入到品牌、投入到"商誉"上了。我们换一个角度去想，为什么同样一个包，欧洲品牌巨企能卖出天价，而就算是一模一样，甚至更好质量的超A货却便宜许多呢？答案是品牌！"罗马不是一天建成的"，品牌也不是一天建成的。传播学有一金句："Same message, all the time"（品牌价值，需要时刻传递）。那么，到底要花多少金钱，才能持续地、广泛地让你的受众接收你的信息呢？天文数字吧？可想而知，这些都需要对品牌和商誉进行投入。

B2B中，品牌也是抵挡对手杀价的良好手段。理论上，投进品牌的钱，假以时日，也是能以金钱的形式循环回来的。我们采购员看供货商时，会注意他们有没有自家品牌的产品，那些产品的质量如何。这个质量水平是考察供货商产品品质的一个好的指标：如果工厂老板说他的自有品牌（house brand）是定位中高端的话，那就是说，这是他全力以赴的产品，质量标准是他觉得"拿得出手"的。难道还有比这更真实的方法展示他的控制能力吗？

拥有自主产品品牌的工厂，在做OEM以及自有产品时，可能会用上不一样的质量标准。定位在高端的品牌，工厂一般会用更高的成本、更好的材料和工艺，以做出更好的产品，为自家品牌争光。在这里，更好的材料和更佳的工艺都是钱，都是付出，也都是品牌的成本。

以下这些都可以视为品牌成本的投入：

- 广告制作与传播。
- "因为品牌需要更好的质量"而采用了更好的材料与工艺的生产成本。
- 赞助、公关的成本。

机会成本（Opportunity Cost）

机会成本可以简单理解为"要是我不做A，我就可以做B"，那么B就是机会成本。例如，要是我娶了阿花，我就不能娶阿莲了，那么损失貌美如花的阿莲，就是我失去的机会成本。要是阿莲很丑，这还算是机会成本吗？算，只是成本不高罢了，不代表没有。要是阿莲命中带煞，有传说中的"克夫命"呢？那就不是机会成本了。

"我离开现在的公司，去姐姐的新公司上班"，机会成本在哪里？你将失去在旧公司积累的专业知识、客户人脉、升迁机会等。当然，你都开始考虑换工作了，一定是旧公司或多或少不如你意，"走了也损失不大"。所以，你是因为机会成本不高，所以考虑换工作，而并不是因为想帮姐姐。（嗯，现实很残酷，认清自我是一件好事。）要是你原本的工作相当理想，相信你是不会为了"帮"任何人而换工作的。

生活中充满着机会成本的例子，商业中也是。老板手上有一千万元资金可以动用，他的两位手下分别来找他。研发总工程师说："这时候我司要是把钱花在研发关键技术上，就能甩开对手最少三年，未来三年可以一家独大！"很快老板就高高兴兴决定了。但研发工程师刚出门不久，营销总监就来敲门，说最近找到关系能找某一线超大明星代言公司产品："代言费只需一千万元而已，机不可失啊！"老板该投哪个？这只是给大家一个分析商业上机会成本的案例。几乎所有事情都是有机会成本的，所谓"有得必有失"，只是我们很多时候没有认真去计算而已。

机会成本很多时候都是决策的重要因素。最差会怎样（"How worst it could be?"），这个扪心自问可能成了一个重要改革策略的强心针。因为"现在都差成这样了，还能更差吗？"既然不能了，机会成本如此之低，那怕什么，试一试！过了这学期，以后就见不到那位女同学了，现在表白就算失败了，跟原本有差别吗？没有！那就是没有任何机会成本了，冲吧！

跟上面的成本不同，机会成本很难量化和算在账上。但在投资项目抉择上它却是一个重要的考虑因素。

资金成本（Cost of Fund）

这个好理解，Cost of Fund，在会计学中有很明确的定义。所有生意都需要资金，你可以向银行借，可以招股集资（注意合法性），也可以自己掏钱包。但不管是哪一项，资金都是有成本的。有时，资金成本也可以理解为机会成本的一种。套用上文的例子，老板要是既不用那一千万元来搞研发，也不请大牌一线明星代言，他还有一个选择：把1000万元放在银行获取利息收入，又或者反过来想：两件事都做。就算他没有1000万元，但他对这两个机会都很心动时，他可以考虑跟银行借贷。当然，他的资金成本就是要还给银行的利息了。

可是，到了做生意时，好多人又没这样的概念了。当我听到供货商说我们纯利只有两至三个点之类的台词时，我都会响应说："那为何不把钱放银行拿利息算了？这明显不是个合理的数字啊！老板你一定是开玩笑了。"说完之后结果如何？当然是相视一笑了。这个例子可能比较像开玩笑，但有些生意，纯利可能长期处于单位数百分比的低水平，而且还带有一定风险，那么老板真该考虑是否值得做下去了。

我做采购员时，挺重视供货商是否能在合理的利润水平下生存。要长期合作，不仅要让供货商赚到钱，而且还要确保他在这个项目上有做下去的理由。这是我们确定购制决策（Make VS buy），以及策略性合作时的重要考虑因素，也是考虑有没有人会真有兴趣长期把这个项目做下去的关键。我不要你"帮忙"做，也不要你勉强没赚多少钱做（除非你有其他方面的理由）。所以，有的供货商资金成本高，他自己做得很累，对专业的买家来说也是一个风险。

什么情况下供货商的资金成本会高？我可以举一些例子（不一定必然带来高成本，只是可能而已）：

- 白手起家。
- 只有很少数的股东。
- 没有风投，没有资本抵押。
- 社会成本（Cost of Social Impact）。

共享单车可以说是一个非常适合解释社会成本的案例。

作为一个出租生意，资产的存放一直都是成本的重要部分。我在日本旅行租车，人家都要在市区租一个非常大的地方来放车、租车和还车。这个不菲的成本当然是转嫁到车的租金上。我在香港做巧克力生意，婚庆甜品台上那些精致的玻璃瓶也有相当大的存放成本（后来为了节省，聪明的Ben叔把原来的租赁甜品台模式创新为一次性买断整套甜品台，效果不错）。这个成本是做生意不可避免的一部分。可是，共享单车却不用。他们随处可见，当然，也有很多车是乱放在公众场所，阻塞行人，非常不方便，也可能对行人构成危险（公众风险成本）。但是，共享单车有它的优点：环保、便捷。我无意站在社会利益角度做批判，但可以肯定的是，不论你说它是对还是错，所在公司的会计账目中很大一笔的存放成本就这样没了。在国内各个城市存放几十万台单车，原本是天文数字的存放成本，没！有！了！不是没有，而是转嫁了。转给谁了？转给社会了。

另一个跟社会成本息息相关的例子，就是外贸人熟悉的环保问题了。2016年到2018年间，国内不少工厂都被有关部门勒令停止运作，原因是高污染。排除定义问题的争议性，我认为这是一个"把本来就该放在账上的成本重归所属"的过程。有责任的排放，本来就是人类对大自然的责任、工厂对社会的责任。随便排放，其实是在消耗环境，也是在把成本转嫁到社会而已，最后是人和大自然买单。

越来越多消费者愿意为社会成本买单。我有幸能在此书中提及以下这个案例：人造牛肉。2018年联合国环境署（UN Environment）向两家"植物基牛肉"公司Impossible Food与Beyond meat授予"CHAMPION OF THE

EARTH，Science and Innovation"奖。跟你心中那些素食餐厅的各种假肉全部不同，他们的"假牛肉"在口感和外观上完全可以以假乱真。我吃过，我做证。这些"牛肉"的原料全部是常见的植物，如大豆。据他们介绍，这种"植物基牛肉"已经对地球环境形成了一定的正面影响：减少碳排放，减少用水和占用耕地等。这些是否属实我没有足够的知识来确定，但我想引用他们作为社会成本的另一个例子。

正如有机农产品比普通的农产品贵，用上述两家公司做的"肉"所做的汉堡也比普通的汉堡贵。可是，我们还是看到有一定的消费者捧场。事实证明了，人们是愿意为这类产品付更高的价格的。我相信健康和安全是一个主要原因，但同时为了"支持一下他们"也是一个影响因素。这个因素会在不知不觉中影响你的决定。

很少人会量化社会成本，但不论国内国外，很多大企业都已谈及社会责任。"社会企业"在西方早已兴起。我们可能还没认真算出来，但已经有人认真看待了。

风险成本（Cost of Risk）

风险与回报永远成正比，这是金科玉律，没有任何质疑的空间和余地。银行与保险业算是对风险成本这件事研究得最通透的行业了。银行借贷给客户时，会以对方的违约风险作为贷款利息的考量。简单地说，你越有可能还不起钱，那你的贷款利息就越高。

套用在外贸上也是一样。你愿不愿意为那些一次性付清的客户打折？我相信答案是肯定的，大部分外贸人都会愿意。再大的单，钱一天未收到，一天都不安全。保险行业也是，它根据客户的信用评级，决定保费标准，如果客户信用评级过低，保险公司甚至会选择不承保。风险成本，一直在无形中存在。

跟前述的成本类似，风险成本也不易显示在会计账目上。开发一个新客户，或开发一个供货商的风险成本也往往只能是前线人员才知道。客户/工厂像不像骗子？有没有能力还钱？有没有能力一直以低价供货？这些都不好量化，只能靠员工的经验判断。业务员、客户、采购员连同供货商一起做假的商业犯罪行为也时有发生，不可不防。

正因为不好量化，风险成本是中小企业容易忽视的一项成本。知道是知道了，事儿还是会出的。采购岗位所做的所有事中，有好大一部分都是做风险管理，目标是把这个风险成本降低。这是一个采购人不可不察的成本部分。

初始成本（Setup Cost）

所有工贸界从业人员都知道初始成本，但我从未看过一个针对这个问题的合适的中文翻译。想来想去，我大胆叫它为初始成本。因为这是开始做任何一个项目时都要付出的成本。印刷100份手册和印刷3 000份的总价，区别不会太大。因为印刷机有"开机成本"，要上版、调色、试印……要印到3 000份以上才能把这个"setup cost"摊分掉。注意，这个概念跟固定成本（fix cost）不一样。固定成本一般是指机器、模具等的长期资产投入，是属于长线的，会进入资产负债表。而初始成本多是指每一批次生产时的准备成本，又或者是一个项目开始时的软硬成本，初始成本很容易理解，就像前文列举的印刷一样，生产工程、技工等人的上模具、调整模具、试产等（如图1-1所示），就是初始成本，是每一批次都有的。对厂长来说，他们最希望的是把模具上了后生产一年都不变，然后每天的工作就很轻松了。每次你让他们换模、改型号、插单等他们就极不高兴，因为这样阻碍了他们下班的步伐。出于setup cost的考虑，工厂很喜欢做单一的款，然后走量。

初始成本中，硬成本包括模具（tooling）和夹具（fixture），也包括一切专门为此项目所投入的用具。可是做一个项目不只要这些硬成本，我们还要投入其他成本，如培训和开会的时间，这就是软成本的部分了。例如，为了做成一个OEM项目，我们要请专人从欧美到中国来传授技巧并监督生产，这个人的工时费和差旅费就是项目的初始成本。

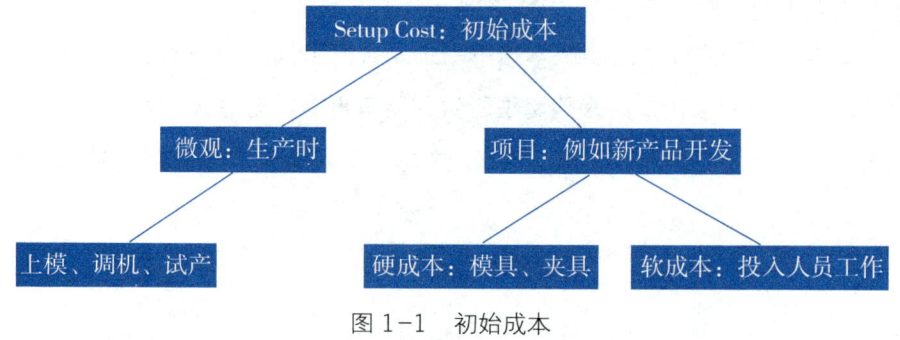

图 1-1　初始成本

既然是初始成本，那只会算一次而已。在产品量产后发生的成本，就不属于这里了。例如，量产后才发现要多买一套设备才能做得更快更好，那就算是维护成本，而不是初始成本。

质量成本（Quality Cost）

有一年，我们公司产品连续出现了一系列的质量问题。质量部固然首当其冲承担责任，但我们采购部也忙得焦头烂额。当时，公司首席运营官要求我们把"因质量不良而导致的成本"全部统计，每条花费都要分析和问责。我们发现，有一部分问题是供货商的错，但也有不低的比例是我们自己搞出来的问题（如规格不够清晰等）。

质量成本可大可小。极端一点的例子：如果有用户因为你的产品造成伤亡，这会是个极大的成本。比较平常的如直接返工修改货物、退货和急货（一般是空运）的物流费都比较好算，但像"因要补货而紧急插单""紧急状态频繁沟通"等都是算不出的成本。我大致可以说，做急单的成本是正常单的两倍。要是你常常都在急单状态，那是个很不健康的情况。

关于质量成本，我本人有另一个深刻体会。家父家叔都是中成药行业的从业人士，是香港马百良药厂的长期合作伙伴，所以我从小就知道这行业的运作。据我了解，这个行业几乎是不会改变核心供货商的，哪怕新的原材料其他供货商报价非常好，也不会改变。传统药业有独特的信任关系，而这一信任的根源是质量。药性的好坏直接影响品牌形象。质量成本与品牌成功有直接关系。

质量成本常常都转嫁到供货商身上。我听说过不少情况是，明明是买方做错的事，到最后总是供货商买单。明明是买方要求不清不楚，出了事后老外（买方）都强势压迫工厂认错。这种事我在职时遇到了很多，我建议业务员不要轻易放弃争取，不要一来客户投诉就马上"割地赔款"，工厂该据理力争。质量的事应该是客观的好或不好，而不是主观的"我觉得这不好"。很多赔钱的问题都是跟质量标准有关。标准不清不楚，出了事都没法聊下去。站在买方角度，这样的做法也很不好。公平贸易不是仁义，而是商业本质。

支出管理

所有公司都对销售金额很重视。当然，它是公司的命脉，重视它也无可厚非。一般来说，企业都会对销售金额做很详细的分析。例如，会看看是新产品还是老产品带来的订单？哪一类客户会买那些产品？哪个地区卖得最好？什么品类的产品卖得好？专业市场还是消费品市场？这方面工作很有必要做，市场上也有一大堆专家，我不趁热闹去说这方面。"收入"如此受重视，而企业命脉的另一端"支出"，相对来说就太少人说了。这是一本采购书，对于如此重要的题目，我是没有办法不说的。

一、支出管理是决策的基础

我去分析一家企业的"bottom line"时，往往从支出管理开始。所谓bottom line，是会计用语，指的是利润表的底线，也就是指所有支出，不论是直接还是间接，不论是投资（Investment）还是消费（Expenditure），不论是马上付的现金还是长期责任形式的支出，只要是真金白银要付出去的，都是bottom line。支出管理的作用非常大，做得全面的话，你可以知道很多极有用的信息，而且都是在高端的策略层面的事，例如：

- 钱花到哪里了？
- 钱花得聪明吗？（这个可以说是最大的目标结论了。）
- 我们最大的几个供货商是谁？
- 既然花费了那么多钱，我们管理得当吗？有得到我们应得的待遇吗？
- 有没有地方我们看漏了呢？是不是还有省钱的空间？

诸如此类。其实只要把所有数据都拿出来，形成一个个重要信息后，决策层就能马上做点事情。

二、支出管理的步骤

以下，我把支出管理的基础步骤说一下。

（一）抓数据

抓数据最好的地方是 ERP（Enterprise Resource Planning，企业资源计

划）。我自己的巧克力公司虽然产品挺单一，SKU（Stock keep Unit，库存量单位）也不多，但我还是决定在创业之初就用上ERP，原因正是我想把数据一直记录下来，在我想做分析时能找到原始数据。对于ERP我不是初次使用，甚至可以说我是最早接触ERP的人之一，那时它刚刚从MRP（Material Resource Planning，物资需求计划）进化过来。过去近二十年间，我接触过五个ERP系统，有两次是从头做起，由零开始为公司建设系统。建设ERP的难处不在于计算机技术，而在于产品分类、供应层次定义等的逻辑上。只要自家产品有一套清晰的分类系统，那ERP搭建的难度便低很多了。一般来说，市面上的模版式ERP已经能包含大部分你需要跟踪的数据，所以我建议中小企业用入门级的ERP产品就行了。

必须注意的一点就是，ERP往往会有一种说不出的偏差。在操作层面，很多员工为了配合系统做一些不准确的事。我不是说做假，而是重复输入数据之类的错误。有经验的人应该知道我说的是什么。抓数据时多留一份心就对了。

另一个非常好的数据点，远在天边，近在眼前，正是会计部门。有找不到的数据，可以请他们帮忙。不是所有财务部、会计部都跟你用同一个ERP，他们可能有自己的系统。所以，定期跟他们交流一下数据，也可确保数据准确。

（二）做分类报表

具体我们要抓什么数据呢？这要看我们做什么分析。以下我们看看第二步，我们到底要什么报表。想一想，我们想知道什么？

— 跟不同的供货商分别买了多少金额的货？谁是让我花钱最多的供货商？

— 过往几年，哪些供货商减价特别多，或者特别少？是什么原因？

— 每种品类我们的花费情况如何？为什么同是注塑件，我们有那么多家供货商在供货？

- 事业部门（business unit）对个别供货商有没有特别大，甚至是过大的影响？针对特大关键供货商，我们有没有统一口径、统一策略去面对？
- 80/20黄金定律以下，我们有没有一套针对一次性供货商和各种小供货商的处理方针？
- 能不能根据采购四象限方法（参见第四章），找出相对价值然后把供货商归类？

这里有几个基本但是比较重要的分析，我推荐大家做一做。

1. 供货商支出分析（Spend by Supplier）

如图1-2所示。X轴为供货商名字，Y轴为金额，我们可以简单地把支付给供货商的费用列出来。我一般会直接以发票来算，不要用销售合同，也不要用现金流，而是用发票的数字。因为现金流不能代表一个时段内的支出，特别是1月和12月会有偏差。把支付金额最高的供货商放在最左，从左到右排列所有供货商。这样你的第一个分析表格便出来了。这算是最简单、最基本的分析。

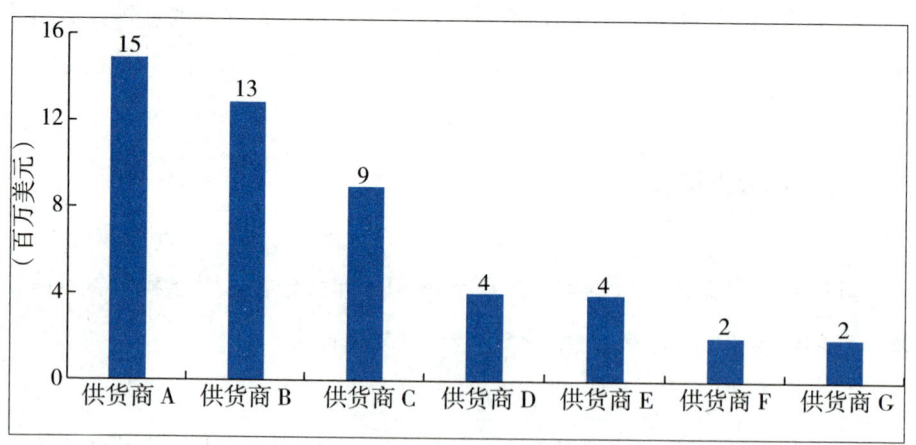

图1-2 供货商支出分析

然后，再重新做一次，不过这次把Y轴改为销售合同数量。在同一年内，每下一次销售合同就算一次。要是你用的是空白的销售合同,那你就要统一定义了。我建议如果是真的只发一次,那就真的只算一次。

第三次,再重新做一次,而这次把 Y 轴改为送货次数。原始数据根据客运单(Delivery notes)来统计,快递也算在内。

这样一来,你能看到不少好的资料。为什么供货商 B 明明金额不大,但每年销售合同数量却多,而且送货次数又比别人多呢?表面数据看来,供货商 B 的管理好像不太理想,需要再了解。啊,原来供应产品 C、D、E 的供货商都是来自江浙一带的,送货次数那么多,那么是不是能统一物流再省点钱呢?能看到的信息还有很多,这就看你的数据分析能力了。

2. 各品类支出分析(Spend by Category)

除非一家公司常常改变核心业务,否则他的工艺需求就是大同小异的。例如,一家做木音箱喇叭的工厂,来来去去就是切木、打磨抛光、装配之类;做国外零食进口的,不是巧克力、饼干,就是蛋糕、饮料。就算 SKU 多于便利店,也可以把需求以品类来分配:急冻食品、药品、饮品、出差用品……每家公司都能根据自身商业模式来划分出几个最大的"供应品类"。要是我们把品类放 X 轴,金额放 Y 轴,那么就可以出现一个各品类支出的分析图了,如图 1-3 所示。

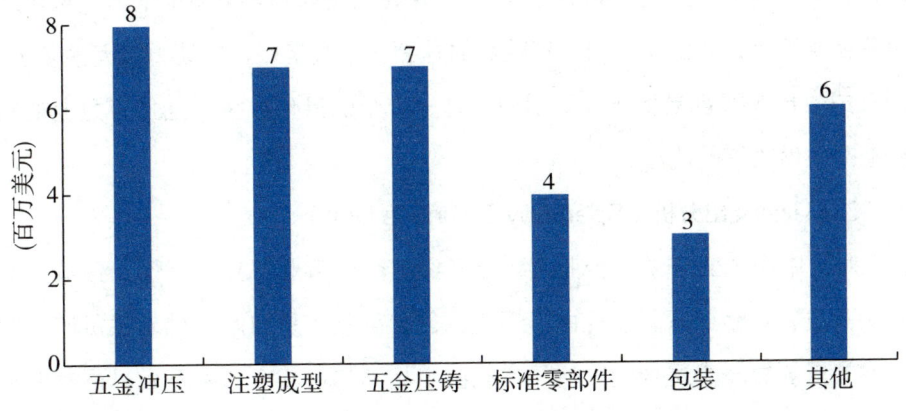

图 1-3 各品类支出分析

分好类以后，下面才是重点。我们要好好研究一下：这些品类中，有没有供货商是重复的？比如说，包装。例如，基于种种历史原因，同样是印刷包装的订单，差不多的质量标准，同时跟数个印刷厂下订单，这有必要吗？要是我们把这些订单集中，统一议价，那么是不是可以好好杀一次价，而且不用分散精力去管理那么多不同的供货商呢？这往往是一个很好的成本控制的机会，不要白白错过。

话虽如此，也不是说一看到重复就像看到金矿一样。有些重复是合理的。除了 Dual Source（双重供应）的原因外，也有可能因为公司对质量和其他商业条件的要求不同，所以容许两个甚至更多的同品类供货商存在。例如，我前东家是著名的美国家用五金企业，旗下有数个品牌，都是做门锁的，但每个品牌都有自己的质量和价格定位，由于产品要求不同，所以也有好几个很大的国内锁厂同时在供货。这种情况是合理的，但不理想。在定制要求和集中采购两者之间，找到一个最好的中间点，那是采购的技术活。

除了分析重复供货商外，品类分析还能让我们走向下一步的"四象限分析"。第四章我花了挺大的篇幅去写这个强有力的策略分析工具。举例来说，四象限分析帮我们了解该怎样对付包装供货商。配合品类分析，我们就可以知道定下来的第三象限（Non-Critical）策略将会如何影响目前的若干家包装供货商共近百万元的年支出。策略后面挂上一个数字后，推动力就大很多了，而且成效也变得容易量化。要明白，这一个个的量化数字，是强有力地推动企业高层做决策的武器。

3. 事业部支出分析（Spend by Business Unit）

对于中型企业来说，企业内可能已经有数个事业部独立运作，各事业部的采购方针策略虽不同，但由于历史原因，可能还是用同一批老供货商。这时你就需要做一个这样的分析了：在找出品类与供货商的关系后，再找出相应事业部与供货商的关系，即影响力，如图 1-4 所示。每个事业部的领导都有自己的想法，就算几个事业部都是用同一个工厂，也各有政策。这样会造成很多浪费，也会让供货商无所适从。这一分析，有人把它叫作支出立方（Spend Cube），它所能分析的事情基本上就是上面说的事业部在某个品类中和供货商的关系。

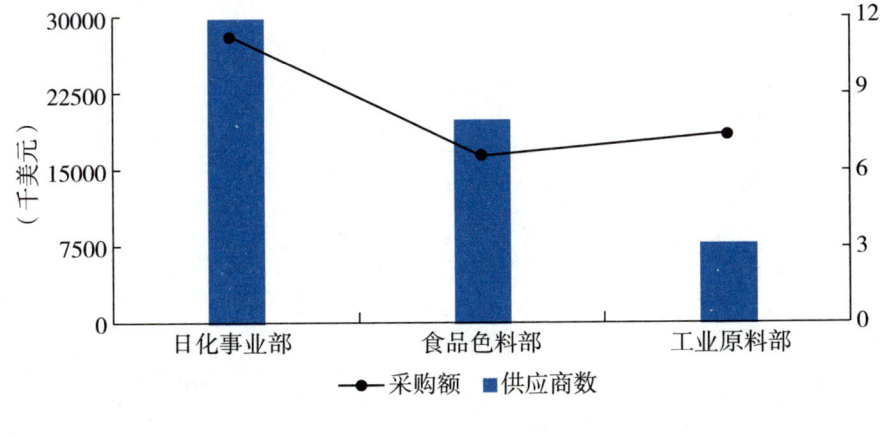

图1-4 事业部支出分析

以上种种分析，能有效地"图像化"你的现状，让你心中有数，知道自己目前的状况是怎样的。可是知道了之后怎样去应对，又是另外一回事。单有分析，没有后续策略，也是远远不够的。关于"事业部支出分析"，需要一点统计学训练，总结信息需要从数字中找出关系，再与商业相融合，得出相应策略，我会在第四章详述。

贴合产品周期去采购

CHAPTER TWO

第二章

采购员创业特别难。我们不像业务员有客户资源在手，也不像技术人员手握人人想要的黑科技。我们没有什么拿得出手的特殊创业优势，除了一样：产品思维。采购员应该是除产品经理外，最懂产品的人。这一章我们聚焦产品：

第一部分，我会带大家从一个特别的视角，看一看我们采购员是如何融会营销学奉为圣经的 4P 理论，是怎样影响产品的成败的。

第二部分，我会用另一个同样著名的模型"产品生命周期"来说明在产品的前世今生中，采购员的参与时点。这样的话，各位采购同人便能清楚地知道自己的工作范围，业务员也能理解买家的参与时机了。

4P 与采购

随便找个做营销的人来问,他们都知道什么是 4P。用最简单的话说,就是你要卖什么产品(Product),以什么样的价格(Price),在什么样的场景(Place)下,以怎样的方法(Promotion)去卖给客人。这是销售和市场营销人员的圣经,也是老板必须懂的原则。有人说,做对了 4P,就是做对了生意,我觉得此话不假。但这 4P 又跟我们采购员有什么关系呢?当然有。除了产品,采购员在其他三个 P 中也有一定的贡献和影响力。我们先来看看 3P,然后再把注意力回到产品与采购员身上。

一、Place:在哪里卖,就得找哪一类供货商

相信你不会认为十几万元一个的欧洲名牌包会找上低端供货商,同样你也不会相信十元店(或一元店,反正就是这个概念)会找到很高级的工厂生产。我一直在说的"门当户对"大概就是这个意思。你可能第一时间会跳到品牌上去想:"啊,高级品牌就要高级供货商。"但我说的是 Place,"场景"。同一个品牌可能有高低端产品,但场景一般都是同一个档次。场景的成本(如租金、流量等)大致决定了产品的档次。采购要针对自家卖货的渠道,找同一档次的供货商。

场景也会影响产品的包装要求。同样是饮品,在航空餐饮业,包装就不一样。为此,饮品公司可能也要另寻一条供应链。另一个例子就是网店。要是你公司最近开设了新的网店业务,可能你会突然面对产品单少款多的新困

难,是现有供货商不能支持的。那么,又是采购员出动的时间了。

二、Price:产品价格底线看采购员

这个太简单了。采购员 10 元买回来的东西,除了某种打包销售(Bundle Sales)或所谓的"策略性亏损"外,基本上你不可能以 9.9 元卖出去的。要是采购员很厉害,找到了 8 元的同等好货,那就可以卖 9.9 元,然后打败你的同行对手。采购员做的事叫作竞争力,非常直接。找到好价格的产品,填补产品线,完完全全看采购员。

三、Promotion:采购与促销

我在做第一份采购工作时,常常处理香港市场的小促销项目。举个例子,春节前有"大扫除"的传统习俗,正好是家居用品事业部门的销售旺季,他们除了做大量广告外,也会做促销活动。这类活动五花八门,最常见的就是"买 A 送 B"的活动。产品经理——我的内部客户——会来找我,说他大概希望做到什么样的效果,然后让我"做出来"。我怎样做出来?找供货商一起聊吧。包装项目立案、打板、报价等经典流程后就开始生产、包装,然后上市。有时,供货商会反过来提出一些建议,如"这个小礼品加入促销好不好?加 2 元而已"之类。这些建议有好的也有没用的,但有建议总是好的。供货商做久了,往往比我们还要专业。

所以,4P 中貌似跟供应链无关的 3P,又怎会真的无关呢?现在你明白,我们每份力量,最后都转化为企业的竞争力了。

四、Product:产品

接下来说一说最后一个 P:产品。

我接触过的产品采购工作，可以分为：OEM、ODM、OBM。OEM 全称 Original Equipment Manufacturer（或 manufacturing），意为加工贸易、代工生产。而另外两个缩略语只是中间的字改了，其代表的单词分别是 D 的 Design（设计），与 B 的 Brand（品牌）。我不花篇幅在这里说定义了，网上一找一大把。

就 OEM 来说，产品完全是买方的——从理念到生产。ODM 就懒起来了，品牌方自己不设计，直接用厂家的设计。而 OBM 呢，说穿了，买方只是做个渠道商而已。这三种模式要考虑的事情大大不同。

对采购员来说，OEM 项目我们买的是产能、质量、服务；而另一端的 OBM 买的是产品，实实在在地考验买手的产品触觉。现在我们来看看采购员是怎样跟产品的"前世今生"挂上关系的吧。

采购与产品周期

搞产品的人都知道产品生命周期。产品从只是一个脑海中的概念到停产后的好一段时间，都要被"管理"。大致上，产品生命周期包括六个阶段，如图 2-1 所示。

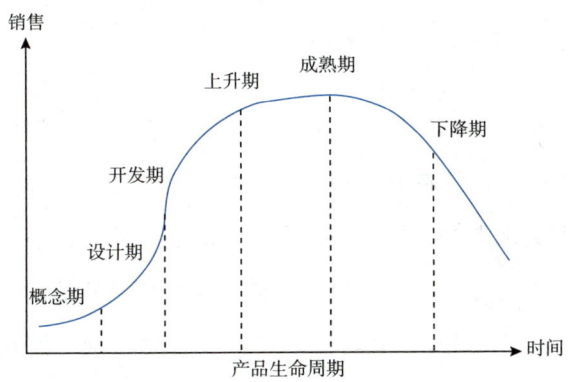

图 2-1 产品生命周期图

一、产品生命周期各阶段简介

（一）概念期

概念期产品还未成型，长什么样，有什么功能，给什么人用，都只有一个模糊的概念。这可能只是某位天才坐在马桶上突发的奇想，也可能是因为某公司的主力产品销量已经走下坡路了，所以在公司办公室内某个晚上 10 点的加班头脑风暴中临时聊出来的一些不完整的构思。概念期的产品可以容许不切实际的天马行空。一些公司甚至会规定产品团队必须每月 / 每季 / 每年有一定数量的概念提案，以供选择。

采购员在这时要干什么？低级采购等安排，高级采购积极参与。既然产品可以在销售市场上找灵感，为什么不能从采购市场找灵感呢？逛逛展会、找找样板、找找对手的供货商等，再把数据反映给产品团队。做得更认真一点的，可以把"供应市场"当成研究报告去做，全面了解市面上什么最多人在卖、卖什么价位……此事一点都不亚于公司花大价钱去找市场调研机构做的消费市场分析。不过，又有多少采购员肯花这心思呢？

（二）设计期

经过一番折腾，产品终于从混沌的想法来到了比较"落地"的设计时间。电视上那些帅帅的设计师在办公室里画图纸，那些工匠老师傅手工打磨一些不知名的五金木头之类的，就是在这个阶段。这个阶段最重要的工作，是把一些对客户有价值的要素，化身为可以被购买、被消费的产品。然而这个转化工作一点都不容易，既要上知客户"圣意"，也要下懂工程和生产。

设计师最不懂的有两件事：一是商业触角，二是供应链的能力。他们很容易高估或低估供货商的能力。这一点，采购员有绝对的话语权。

设计也有好几种细分工种。有外观上的工业设计，有功能上的机械设计，有包装上的设计，还有营销上的设计等。

这里我推荐大家一个有名的产品设计方法，名字叫 QFD（Quality Function Deployment，质量功能展开），由日本人赤尾洋二教授在 20 世纪 60 年代发明。比起那种像"我觉得客户一定喜欢"这样的胡乱猜测，QFD 用了一个更科学的方法去分析与量化这种需求，从而转化为功能需求。一开始接触你可能觉得简直是一头雾水，但当你有一定的产品经验后，你会感慨："没想到有人那么聪明发明这玩意呢！"

我无意也无能力把 QFD 在本书中详细介绍，这是产品经理的工作范围。大家有兴趣的话就在网上找找吧。

（三）开发期

开发期是指整个设计已经成型，图纸、技术参数也有了，现在只需要把这些数据变成一件真真正正的产品，但又还未到要量产的阶段。公司有自己的工厂的话可能会自己做样板，但更大可能是让供货商去打板。顺理成章，采购员就变成这项工作的主力了。

在这个阶段，采购员是最主要的角色。从搜索到选择到谈判和打板，全都需要采购员与供货商沟通。

（四）上升期

其实在上升期之前，还有一个叫试产期，也就是香港贸易商所指的"大板"。你会问，Ben 叔，样板都出来了，还有什么好担心呢？为什么还要再打一次板？原因是就算能打板，不代表能生产。打板可能是手做的，并没有用上将来要根据这个样板，反反复复大量复制的生产线做出来。这样的初板，只能解决"物理上、感观上"可行，但并没有解决"能不能大量重复制造"这个问题。这是很多人都不明白的细节。这里有一个叫 R&R（Reproducibility & Repeatability，再现性和重复性）的品质学概念。这里只提个名字，不细说了。

所谓"养儿一百岁，长忧九十九"——产品终于出来了，你又有新的担忧。怕它卖得不好，没生意；又怕它卖得太好，没产能。上升期是基于一个正面的假设而来的。对一个成熟的公司来说，很少没有上升就直接死掉，因为他们有既定渠道，产品也是经过精心定位的。所以，我们可以安心假设这是能上升的产品。那么好了，产能呢？要是单来了我们能做得了吗？还有，新产品意味着变量，意味着接连的质量问题，这些问题谁来解决呢？

这时，又是采购员出场的时候了。怎样跟外包工厂沟通？单多了他们做得来吗？单少了他们还会干吗？这些，全看采购员！

（五）成熟期

好了，产品做对了，成功了，公司赚钱了，工厂接大单了，皆大欢喜。但在这个漫长的产品成熟期，产品可能稳定了，但供货商却从未消停过。诸如："之前报错价了，没那么便宜的。""现在物价高了，您说咱们单价调高一点点好吗？"等着采购总监处理吧。

另外，库存呢？我们要不要做？是做多还是做少？这一连串的问题，等到量产期会被放大，可能都是十万八万元的现金损失。这些事情，通通落入供应链管理的范围内。

（六）下降期

作为一家有责任的企业，有一些产品在停产后还要进行 Discontinuity Management（不连续性管理），用"生养死葬"来形容也不为过。特别是一些售后服务很重要的行业，如机器设备类，这种下降期到停产后的管理至关重要。举个很好的例子，十多年前的丰田已停产的车款，你可能还能在他们公司那里买回原厂的配件。为什么他们可以做到？这就是管理。他们把配件合理地安排好，有很多配件是几代的汽车都能共享的，那就不会因一款车的停产而受影响；有些配件没办法生产了一定要停的话，他们也会计划好停产后的用量，在一段时间内还能服务客户。

为什么他们要这样做？那就是品牌与承诺的问题了。与其感性地说这些公司很有社会责任云云，不如说这是一个品牌该有的基本素养。

采购员的角色在最后这一阶段同样是非常重要的。

二、Ben 叔带你"穿越"产品生命周期的每个阶段

以下，我会用一个个实实在在的产品，带你去体验一下这整个流程。这样一来你们就明白采购员在整件事上忙什么了。啊，我要再提醒你一次，这个"采购员"，对大部分的外贸人来说，就是你的老外客户。要是你能深刻体会他的工作内容，那么你要一手掌握客户真的不是梦。

为了避开太多的专业知识，我选择一个比较简单易懂的产品：女包为例进行讲解。时尚美丽的包是怎样生产出来的呢？

（一）概念期：输入市场见解

A 公司是一家手提包贸易商，产品主要针对中端国际女性用户，定位大致明确。A 公司的产品主要是自主开发的，从概念到产品都是自主研发的，老板的产品创意一直以来都是公司的主要竞争力来源。客户呢，一般是国外时尚品牌的买手，就是那种电视上看到的每年去米兰、东京看 T 台走秀的那种买手。大家都知道，一个资深的买手是时尚公司的一大资产。买对了风格和产品，直接影响公司当季的业绩。那么问题来了：时尚买手是怎样找到概念的呢？

要回答这个问题，首先我们可以了解一下他们的日常工作。专门去看秀

是要干吗呢？就是为了找概念。看 T 台走秀的功用，其实跟你的老外客户来你公司听你公司的 PPT 介绍，以及去展厅看新产品是一模一样的。差别可能只是在于你公司不一定有俊男美女把你家产品穿在身上走来走去而已。

这样一来就容易理解多了：原来看秀不是为了看美女，而是为了看新品！！接下来一个问题是：看了新品又怎样？要下单吗？答案是：有可能下样板单。但事实上看完展会（例如，大家熟悉的广交会，看展跟看秀有相似之处）后，立即下单并不是大公司的作风。看完秀后，买手们是要回公司写报告的。这季流行什么款式？用什么材料？工艺上有什么创新？买手们在看展看秀后，要回公司跟同事们讨论"今年我们品牌要做什么产品线"这是个重要到影响企业生死存亡的问题。买手和同事会就以下几个问题进行讨论以决定做什么产品：

- 市场流行什么：时尚行业，大品牌的名设计师能左右整个行业的走势。看秀可以看到个大概。
- 供货商手上有什么：买手不一定是从秀场上看到概念，还可能从 A 公司这样的供货商提供的产品中看到新概念。
- 自家公司的风格：作为时尚类的品牌，绝不可能只看市场——人家做什么就跟风做什么。新产品要符合自家的风格，这也是个重要的考虑因素。
- 成本：同是时尚类，潮牌不会做香奈儿那个价位的产品。这个定价一般是根据品牌本身的定位来决定的。

要是没有买手、没有采购员了，这些新品开发就变得难以把握了。设计师大发艺术家脾气立志要做好的产品线，可能只是他的天马行空，完全没有考虑可生产性。是否有工厂真能达到他的完美追求呢？就算有，产品的价格是不是为目标客户所接受？凡此种种，还是要有一个强大的买手把控，才能实事求是地做出好产品来。

概念的阶段，采购的责任就是输入多方面的市场见解。<u>毕竟全公司对外</u>

<u>接触最频繁的人，不是业务员就是采购员。他们的知识和视野，不用白不用。</u>

（二）设计期：阻止闹剧发生

什么是"设计的闹剧"？我来说一个亲身经历吧。当时我很想为恋色巧克力开发一个新的喜糖系列，想法很感人，现实很残酷。我想做一个"感应到掌声就能发亮的巧克力喜糖瓶子"，当结婚的新人进场时，宾客纷纷拍手鼓掌，放在桌上的喜糖瓶子便会亮起来，把原本关了灯的场地变得像星星一样，一闪一闪，把全场观众感动得流一地眼泪。我抱着美好的愿景，心想这不很容易吗？某宝买个灯泡，找找有没有什么声控开关之类的。可是后来，这事没有做起来，就是这个以为很容易的事，实际一点都不容易。做电子的人恐怕觉得很容易，不就加个声控吗？做礼品的人也可能觉得想法太美好了。但我做出来后，发觉就算是基本功能可以了，声控灯光的发挥还是很不稳定，时可时不可。

好了，怎么去分析我这个案例呢？

从市场角度而来的好产品想法，在坏的供应条件下落空了。要是这件事并不是 Ben 叔一人分演设计师和采购员两角，而是两个部门呢？设计师显然不会轻易放弃这个好想法，产品营销部门可能也会觉得这是难得的市场差异化。然而到了接地气的采购部门时，却没法在供应市场找到一个好的方案（不是产品，是方案）。这时，要是采购部门没有好好把关，没有在设计之初就把将要面对的困难和风险跟大家沟通，很有可能设计和营销就一意孤行，把这个产品立案，甚至已经对外宣传了。到最后我们所能得到的就是部门间互相推卸责任，以及一个不完整的失败产品，和不断的质量投诉。

<u>所以，我一而再再而三地说，公司有一个懂行的采购员把关非常重要！！</u>

这个产品，不是不能做出来，而是要花费比我原本想象中多出不少的投入，超出这个市场所能接受的价位水平。我虽然很想为恋色巧克力做出这个梦幻产品，但最终还是要回到现实，于是，我就放弃了。

做女包也是一样的。

所有人都知道，时尚产品，设计是最关键的。设计师大多懂工程，知道某种工艺的难度，以及风险。但设计师也是艺术家，有一定的坚持和要求，这两点是有冲突的。举个例子，设计师在设计某新包时，因为在国外看到某种很特别的面料感觉很好，很想用在新的包包上，可是回国后采购员找了大半个中国都没有这种面料的供货商，只能从国外以起订量（Minimum Order Quantity）跟原厂订货。这样就算勉强找到物料了，可它也是"后患无穷"。产品卖得再好，这小公司的订单对物料的原厂来说也是可有可无的小单，采购价格高，周期不固定，而且还有可能断供。如果卖得不好呢？一大堆物料压在仓库，公司天天想着要怎样消化掉它。这生意，怎么说也不能叫"好"。

（三）开发期：大展身手

产品的开发期是采购员最忙的时候。在国际分工的大环境下，现在很少有公司能100%单独开发产品，一般来说都得与供货商合作。一说到供货商，自然又是采购员干活的时候了。

当决定了包包的设计后，就要正式开始打板。第一个难题就来了：找谁来打板呢？接连第二个问题：找好工厂后，怎样好好地跟工厂沟通设计要求呢？你说，有图纸就不用沟通了。嗯……没错，图纸是可以起到一定的沟通作用，也的确是主要的沟通媒介，但工厂是否可以完全根据图纸，什么都不用问就能打板呢？这就得看供货商的能力和合作经验了。合作无间的好工厂没问题，但新的供货商就不一定了，一般都会有很多问题的。我举几个例子：

— 你这是什么国家的标准？图纸上没标明啊。

— 图上这个要求我们做不到啊，没有这种专门机器，不好保证。

— 我们不会看这种图纸，跟我们平时的不同。

— 上面的是德文还是什么？抱歉我们不懂。

所以，Ben叔常常强调，要找门当户对的工厂。

假设你是包包公司的老板，主打美国市场，现在有两家工厂供你选择，你会跟哪家合作？

A：小厂，便宜点，不太规范，欧洲市场为主。

B：中大厂，贵，看不起你的小单，相当专业，日本市场为主。

听起来，两家都不太好，而现实更可怕，全部工厂都不太好。可是，你能不用工厂吗？不能。世上没有完美的合作，只要能用其所长就好了。

这不就是选择供货商的能力了吗？很多人都误以为采购员会选最便宜的，但只要换个角度，代入一下采购方的身份，立马就知道价格真的不是最重要的。懂你、在乎你的人，比有钱更重要。这个道理大家应该很懂。

关于"如何找到供货商"的问题，我会在第五章中细说。现在还是先回到设计的沟通上。日本人有一个很有趣的名词，叫作"打合"，就是讨论以上问题的技术会议。双方工程师对工程师，业务员对采购员，四角会谈，一起解决如下几个重要的问题：

- 图纸内容是否完全理解。
- 有没有什么细节需要注意，要改变？（是的，供货商可以说，这个我们做不到了，你能不能改一下？对于"跪求"客户的业务员来说，这不可思议吧？）
- 基于图纸上所有的改变和新的理解，成本有没有影响？有没有必要加价？
- 开发案的时间表。

这种会议特别好，可以把该聊的事情都聊清楚，不会到后来发生什么意外。同时，这也是个公平的会议，不会突然出现一些意外的成本偷偷地要供货商自己吸收。可是，实际情况是，很多的公司都没有这么正规的做法。包包A公司就是这样。他们很依赖固定的供货商（不要听到这就觉得这太守旧了，是坏事。其实在大部分情况下，有固定的班底是好事），图纸给过去，几天就有样板和报价回来了。久而久之，他们就不做这种沟通了。这种做法，没事的时候叫作高效，出了事的时候，就只有生闷气了。打错样板，小则会被骂，大则引致后面的赔偿。Ben叔的建议是，与供货商的关系必须有，但不要只靠关系和信任。再好的信任，也请加一道流程，不要怕麻烦而省略。

以上说了"找、选供货商""沟通产品技术要求"，在开发期采购员的工作还包括"样板跟进"。只是这一个并没有太多的不同。要是之前的两步："找对人""把要求说清"都做得好的话，这个跟进的事情还不算太难。供货商做好了样板，反复地确认、测试、沟通、再改良、再测试，直至达到要求为止，这是一个磨人的过程，有时采购员也需要懂得适时鼓励一下供货商。我曾经遇到过这种情况：因为采购员要求太严格，供货商做不下去，中途放弃了。当然，这种情况下，供货商的前期投入都打了水漂，可是，这对于采购员也是相当可怕的情况，因为这代表采购员前期的精力都浪费了。作为买方，当然是要想尽办法避免这种情况发生的。相信读到这里，一些小公司的采购经理一定大力点头，表示非常理解。

（四）上升期：没生意难，有生意也难

上文说了，假设产品成功了，接下来就是量产问题了。虽然上升是一件好事，但对采购员来说也是很有挑战性的。上升期不像成熟期，我们往往是来不及做预测的。我记得我最爱的游戏机行业，不论是任天堂还是Sony Playstation，好像都发生过初期供不应求的问题。新品类在刚推出市场时，往往不太可能完全正确估计销量。在卖完现有的库存后，就到了供不应求的赶单日子了。

不仅仅是工厂在日日赶货，第二、三层供货商也是一样。这就复杂了。我试过跟供货商一起天天去原料厂追货，想想都可怜。当时我就想为什么自

己沦落到这地步呢？是不是我可以做什么去预防呢？虽说订单很难说，但我们还是可以做一些预防的。例如，我们选供货商时不要找太忙的，产品设计时就该加入对供应风险这一问题的考虑。在产品设计和供应链选择上，我们还是有事情可以做的。

像包包公司，要是设计时多用上"零部件"的概念，尽量增加共享件的使用率，就会很有帮助。A包的那粒水晶，能不能不要那种特别的？能不能共享B包那粒？这可以成为一个项目去重设供应链。C厂明明已经没空打板了，你还一直逼他做新项目，那也是你自己的问题。可用供货商要充分，随时都有能用的加工厂，那就不会导致单多时求着供货商做单了。

不要错过单多的大好形势，那明明是优势，不要把它变成难题。

关于"成熟期"的处理方式在往后的章节也有涉及。"下降期"反而值得一提。下降期的重点在于保修期，"前面答应了多久，后面就得待机多久"。有时我问外贸人，你家产品保修期多久呀？他们会回答终身保修。于是我问，你的供货商知道你那么厉害吗？他们陪你一起疯吗？（笑）责任是有成本的。要知道这"终身保修"的承诺背后是一连串的责任成本、物料成本。要是你做个包那还好，没人十年后来找你修包；要是你做的是特殊机器呢？十年后，你还能给客户的生产线提供保修吗？

想想都可怕。

第三章

采购人员强大沟通力养成记

CHAPTER THREE

坊间早已有很多教业务员如何跟客户沟通的内容（包括我写的BE系列），网上找找就有了。但相对而言，有关跟供货商沟通的内容就少之又少了。这不难理解，因为大部分人都觉得花钱买东西还要什么沟通不沟通的？出钱的就是爷！这心态大约跟看了此书书名的一部分人说"什么？学怎样花钱？开什么玩笑？"可能差不多。针对这种说法，我可以打个比喻：同是花十元，不懂花、不会沟通的人可能只购买到六元到八元的价值；相反会花钱、会沟通的人，却可能得到十几元到几十元的价值。那……还学不学？我们采购这一行是人家花钱招聘来，专门为公司花钱的一群人。高效的供货商沟通（supplier communication）是你的分内事。这一章讲"采购员沟通力"，让你学懂何时聊、怎样聊，提升你的采购工作效率。

沟通的道与术同样重要。跟BE一样，先B（Business，商业）后E（English，英文），不过由于我国的外贸主要是出口，所以没人会想怎样去学好英文跟供货商聊进口。我本人在跟欧洲人买巧克力时有相关经验，他们的思维跟中国供货商很不同。E不局限于英文，而是沟通。关于供货商沟通的道，整本书都在说，这儿就不重复了。这一章专注在沟通的"术"方面。一切日常的沟通文件，定期的与非定期的沟通模式都包括在内。我也会解释"优质客户"（Preferred Customer）这个概念。

我把沟通模式分成以下几类：先是最基础的"日常沟通"，包括不起眼却很重要的跟单、跟项目、跟账目，等等。再来是"年度沟通"和从侧翼进攻的"非正式沟通"，最后是最正式的沟通方式"合同"。

日常沟通：流程化、标准化

日常沟通比较倾向于供货商管理的范畴，是供应链的事。我根据曾经为工厂建立供应网的经验去说一下我是怎样让供应链部门做日常沟通的。小公司采购员比较有机会用到这一部分。以下这些事，不论表达的方式是什么，都是你（或你老板）日常需要知道和控制的。

一、出货量与交期

这完完全全是供应链部门的活儿，不过要是几个人的小公司那就都是采购员干的了。催货是这个岗位最普通不过的一项工作，几乎每天都要做。催一件货很容易，"那个瓶子你们咋还未发货？下周要上线了！"这样的对话就可以完成了，但要是这个工厂跟你们合作比较多，有好几十到几百个瓶子在做呢？那么口头的沟通就很困难了。

（一）大企业的做法

比较大的企业有的会花大价钱搞 EDI（Electronic Data Interchange，电子数据交换系统），供货商直接在采购方的系统内输入交期，系统自动计算一切。这个系统很好、很贵。卖系统的人一定把这些说得天花乱坠，买系统的那位企业领导也一定会大力自吹自擂这是个多神圣而正确的决定。针对大量、单一、弹性不大的订单来说，系统很好，其作用与 E-sourcing 等软件类似。

（二）中小企业的做法

对于花不起与不想花这笔钱的大量中小企业，我的建议还是用 Excel 吧，够用了，连 ERP 都不用。表 3-1 可以搞定大部分情况。

表 3-1 订单管理表

PO 号码	Item 号码或名字	订单日期	目标交期	数量	回复交期	实际交期
XX00014	货 A	10/1	15/1	10000		
			1/2	8000		
XX00365	货 B	21/2	6/3	5000		
XN40190	货 C	21/2	15/3	10000		

类似这样的表格，让供货商定期填回来，也算是人工的 EDI 操作了。我们简单看看这个表的重点。

1.PO 号码

请千万别那么蠢（ERP 系统一般就是那么蠢的）以真的订单数量来排序。供货商看到 XX00014 这个号码会想到什么呢？"啊，是今年第十四张单了？所以在 10 天内系统出了 14 张单……嗯，不错"可是，当他再看下一张 00365："二月底就发了三百多张 PO……那我怎么才拿了两张呢？"你当然可以跟供货商解释这不是顺序的，但人家信吗？就算不是顺序，系统也是有一定的逻辑的，供货商一定会希望从中猜到什么。你不想他自作聪明瞎猜，也不想他真的聪明猜到内里的玄机，最好的做法可能是用自定义的一套逻辑，外人根本无法解释，只以为是随机数。供货商知道是随机数后，就不会再猜了。

2.订单日期

目标日：这两项都该由买方去填。数字填了就不能改，必须不改！如果能改为只读那最好，不然也请另用颜色说明。你可能会问："那我真的改了要求送货日期怎么办？"严谨地话，你可以改，但在表格内要备注原本要求的日期，一定要记录最初的那个日期，因为这是用来算准时交货率的原始数据。

表 3-1 的第一行和第二行，说的是同一个 PO，同一批货，但要求分开两个交期。这种做法很常见，一是因为买方做类似 JIT（Just In Time，准时制生产方式）的库存管理，不想太多货存在仓库。二是卖方因为种种原因不能一次把货都交完，那么就分批交货，也分开表达。

3. 空白 PO

很多大公司都会在年初时发一张"空白 PO"给供货商，数量不填或者填上个天文数字，然后在条款上加上：以送货要求通知的量为准。这种操作一般是为了应付系统而设，有好有不好。

表 3-1 可以延伸，放大成为更大、更细化、更累人的表格。这样的沟通方式，高效、信息密度高，也有可读性和追踪性，是上好的管理和沟通工具。

二、付款情况

我初入行时总有一种心态：工厂都不紧张收钱了，我紧张什么？大公司的流程也让我脱离供货商的财务情况（采购员只需签批新产品费用，如模具，日常订单的费用是供应链部门的事）。有一次，平时沟通不多但感觉不错的供货商突然跟我们说不能发货了。聊下去我才知道原来是我方有一笔账拖了好长一段时间了。这件事没人跟我说过，供应链部门和工厂业务员之间有心病，一直在暗战，都在采取不沟通政策，拖到最后就以公告形式直接不发货了。自此以后，我就开始盯紧我方付款的情况。

财务对付款的态度也各有不同。初级出纳比较像我当年，抱有一种"你都不急着要钱，我急什么？"的大老爷心态，要供货商求着他他才放款，习惯非常不好。我也听过专业的财务会计经理急着付钱给供货商，因为要是过了当月不付钱的话，今年财政年度数据就不好看了云云。总之，他们很少关心公司跟供货商的关系。啊,那当然了,供货商关系这回事儿,全公司只有采购部才会关心。

所以,关心与供货商关系的采购员,理应把握好付款这个强而有力的话语权!没错,我们最终都要付款的,但是几时付、付多少、账单有没有及时搞清楚等方面,采购员还是有很多操作空间的。这虽然不是什么光彩的手段,我也不建议大家总去用这些小聪明,但事实上这在国际大环境上(不止中国)可以说是普遍的做法。或者我们也可以从正面去看待:一个能帮供货商争取准时付款的采购员,一定很受供货商信任和爱戴。要成为工厂的"优质客户",付款管理是其中一个你能做到的事。

所以,接下来的主题就是"付款管理"(Account payable management)了。这本来是会计的名词和工作,因为以上的原因,Ben 叔拉到采购来用了。贵公司的会计,必定有一份未付费清单,他们清楚知道哪个供货商、哪张 PO 将要付钱。你大可以跟他们定期要这份清单,然后跟供货商对单,确保他们的钱能准时付(单是你这份心,供货商就会很感动了)。你也可以把上面跟单的那个表延伸,在每笔后面加上发票号码,把未到期、快到期、过期的订单用不同颜色表示。此表格宜每周或每两周跟供货商沟通一次。

三、新项目状况

再跟大家说一段我的经验。当年我有个同为采购员的老外同事常常称赞某供货商的一位业务员,说他做得很好。当初我只觉得是同事的个人喜好,但后来这个同事走了,我接手了他的一部分工作,也跟这位传说中的业务员有了往来,他果然名不虚传。这个业务员很主动地定期报告我们的项目和订单状态,对工作内容有深入理解,实在是我们的好帮手。当时我甚至有要请他来我部门上班的念头。

可现实是,绝大多数的业务员都不是这样的。他们不做,唯有采购员自己做。有时,同一供货商会同时间进行数个项目,工厂方会有好几个人主理不同的项目;采购方也可能有几个专门的项目经理在独立地处理项目。在大企业，同事间往往是不知道对方在做什么，这很正常。可是采购员也是关系经理，基本上事无大小都跟你有关系，你有责任知道。最好的方法是定期跟对方的客户经理交换信息、总结然后报告。关系经理和客户经理，供求双方拥有不同的立场，但在做同一件事情，是两家公司的接口。

采购员项目管理的报告，我建议用文字就够了，不用表格，如图3-1所示。因为你不是项目经理，用不着像他们那样做专业报告。你只要大概知道什么项目在哪个供货商处进行，到了什么地步，有什么困难，就够了。

Project Dakoda:

–First article approved.
–Trial run by 12/4.
–Achieve phase 5: target by June.

Project LongRun:

–Tooling checked, new sample by 20/4.
–CPK process to be confirmed.
–Capacity ramp up: impossible for existing setup. New plan needed.

Project Winedraw:

–End of life: tooling terminate by Aug.
–Contract expired: extent half year with suppliers.

Overall:

–Yellow light: not all as planned.
–Resource: Kevin vacation start 3 wks. John backup ready.
–Training: new staff regular training #3.

图 3-1　项目简报例子

四、来访记录（Visitor tracker）

来访记录是大公司专用的。曾经有一段时间，我们有一个特别大、特别重要的供货商成了我们公司（美国公司）同事们来中国的旅游接待站。肥上瘦下的出差预算，让一大堆副总裁级别的人物都跑来"了解一下"这家供货商。他们来也都是做一些很无聊的事，说说自己是谁，自己很重要，然后"想确认一些事情"之类的小事。除了他们之外，还有真正在工作的前线采购员和工程师等也要出差去供货商处，混乱得不得了。

我当时的老板立了一个规矩：所有出差去拜访供货商，必须由采购部安排。说得很强势，也有理有据，但做得却很失败。有不少人，特别是副总裁级别的高层，总不配合。所以，我在我能力范围内做了一件事：报告。我虽改变不了副总裁们跳过采购部独断专行的坏习惯，但我可以报告给所有人知道，有谁"偷偷"来过。供货商非常配合和支持我这种做法，因为每次有人来，他们就要出人、出钱接送、请吃饭之类，有苦难言。我这一做法得到了老板和供货商支持。

我做了一个记录表格，每月有谁来，下月有谁准备来，多少人，多少天，等等。每次有不守规矩的同事私下出差的，我们就礼貌地发提醒，哪怕是副总裁。我们也把这个记录抄送给人事行政部门。后来，这个出差表竟然收到了意想不到的效果。年底的时候，我们采购员的成本节约表现能力中，我把这个表格也拿来说事，居然也得到领导们的认同，承认它为公司带来了真的价值。再后来，我们把此记录延伸到所有的供货商。但凡以"出访供货商"为由出差的同事，都必须经我们采购部安排。顺理成章，我们在把握供货商关系方面就更得心应手了。

以上这个例子恐怕只有大公司的采购员才会经历，小公司不太会有这种事。

五、人事变动

在大企业工作，你常常会收到人事部发来的公告，某某同事离职了，某某加入了之类。公司很大，有时这些变动跟我完全不相关。但相反，真正和采购员有关的人事变动，却往往不为人清楚知道。人事变动往往不只影响内部，同时也会对外部的沟通产生影响，不可不察。

采购部应该选择性地转告供货商关于人事变动的事。怎样选？我们试试用排除法：

- 首先，跟对方完全无关的，可以不理。
- 高层常常有变动，基本上也影响不到供货商，不用理。
- 首席运营官、采购部副总裁等直接跟供货商有关但平时不会露面的高层的变动，值得一提。
- 直接沟通者（就是跟供货商有日常来往的）的直系上司有变动，值得一提。
- 直接沟通者的去留，必须通报。

在形式方面，我建议用非正式形式。口头说一声，基本上就够了。我不太赞成把人事部通告直接发过去（我曾有手下试过这样做），原因一是这种内部文件不必外传，二是文中会有人事部的电邮地址，你不知道对方会怎样用。采购部的原则之一：做好自己"对外关卡"的角色，不要随便把内部同事的联络方式外传。内部的信息，要用自己的语言去诠释。

六、假期通知

我听过一些外贸人在抱怨，一到5、6、7月，欧洲客户都会突然失踪。

新手会以为客户不理他们了，但过了一个来月客户又若无其事地回来找他下单。啊，原来之前是放假了！

春夏之间，很多欧洲人都会放假。也难怪，春天的欧洲真的很美，人生还有很多比工作重要的事情。可是，他们很多人都没有告诉供货商他们放假了。他们不知／不懂／不关心他们的长假会影响跟他们合作的所有人。

作为一个专业的采购部门，这种突然失踪的事是不能被接受的。采购员不是高高在上的大老爷，而是供求关系的一部分。放假很好，但要把事情交代好，有后备方案，并提前通知你所有的供货商。这样不只方便别人做事，也对你个人形象有正面影响。

七、关于语言问题

另一个关于沟通的有趣话题是：作为国际企业中的中国采购员，我们用什么语言跟供货商沟通好呢？

我听过很多外贸人在抱怨："明明大家都是中国人，为何要用英文发邮件！！"我每每听到这一点，心头都会一笑。嗯，一声冷笑。这件事，跟爱不爱国，完全无关，听我分析。

首先，这是跨国企业的要求：所有邮件，必须用英文。我指的是真正的跨国企业，而不是那种只会用他们本国语言，连总部也不用英文的企业。真正的跨国企业，员工的种族、语言、宗教信仰不同。就以我前东家欧宇航集团为例，法国人、德国人都有很多。他们之间在办公室聊天一定是说法语或德语的，但是，当他们写邮件时，都会用英文。为什么？因为这是世界语言！"法国人不喜欢英国人"那是全世界都知道的事，就算当面问他们也不会否认。但谈到商业问题时，他们都会毫不介意地用英文。你可以想象一下，一个跨国企业，员工来自中国、印度、日本、欧洲各国……如果他们都用本国语言写邮件的话，那么那些项目经理和领导要如何看懂邮件？所以，公司会有规定（成文或不成文），所有白纸黑字的沟通，都必须用英文！站在公司管理的角度，我十分支持。所以，看到这里的业务员应该明白，你的客户不是不想用中文发邮件，那是他公司的要求。

其次，"维持本土性"也是很有必要的。作为生产大国的中国，业务员的英语表达能力普遍不如中文。基于高效沟通原则，中国人和中国人间该以中文沟通。要是跨国企业坚持要求中国籍员工在任何场合都用英文的话，那就等于自废武功，把中国籍采购员的优势自动放弃了。

那么，这两个听起来都有道理，但又互相对立的观点，该如何处理呢？我个人的方法是：

— 口语必定用本国语言：中国籍员工跟中国供货商说中文，印度籍员工跟印度供货商说印度语。

— 公司内部文件，就算只是发给很熟的直属上司或下属，也必用英文。

— 绝大部分的对外邮件都用英文。因为你不知道这封邮件会不会在将来什么时候、什么情境中被引用。

— 要是供货商真的看不懂，写中文。

以上这些原则，应该可以解决大部分因语言而带来的矛盾。

年度沟通：充满仪式感

仪式感很重要。就算是很恩爱的夫妻，每天都为对方、为家庭努力，也会在某些特别的日子中，悉心安排，让对方知道，彼此很重要。

同样道理，年度沟通非常重要！！就算大家都知道质量很重要，每天都为提高质量而努力，每年也该抽出时间来，做一个年度的总结。以往做得好的，我们鼓励一下；做得不好的，我们反省一下。这是一件无比重要的事。在第五章，我会详细说明"供货商评定"这回事。以下这一部分我就简单介绍一下。

一、供货商表现评定报告

供货商表现评定报告可以说是年度沟通的核心，像是小学时代的成绩单发布。不过这次不是让你把成绩单拿回家就了事，而是老师（采购方）亲手把成绩单（年度报告表）交到家长（供货商老板、管理层）手中。家长固然希望自己的孩子成才，所以孩子一年间的表现如何，一般来说家长都是很关心的。只要有人关心，这个派成绩单的过程便成立，便有了意义。

这个成绩单的重点在于建设性。要是一味给差评而没有提供改善的建议，那很容易引起供货商的抗拒心理。学校发成绩单不是为了让家长回家责备孩子，而是为了让孩子做得更好、走得更远。具有建设性的意见，供货商的员工也比较能接受。

二、企业策略分享

有规模的、正规的企业一般都有制定好的年度策略。这些策略跟上下游客户和供货商都相关，何不每年发布一下呢？我举个例子：要是今年我方打算针对某市场大力发展，那么让我的供货商提早知道我这个策略，是有助于大家合作的。高层的声音先传一次到工厂的耳边，采购员跟着来唱和。语调一般都是："看，你都听到我们家老板咋说了，还不赶快往 XX 方面提升？"如何从有利于采购的角度解读高层的话，那就是个技术活了。

高层的声音要如何发布呢？这个也需要仪式感。根据我以往的经历，主要有两种发布形式。最简单的，采购部副总裁作为面对供货商的最高级别人员，每年都有机会最少见到对方人员一次。这级别不会来跟你说订单怎样了、质量怎么做来做去都那么差。副总裁来了，你甚至不会听到不好的话，聊的都是非常正面和阳光的内容。饭局上大家来聊聊生活，聊聊人生，再聊聊家庭，然后才聊聊生意，最后在会议室内，副总裁会亮出一个PPT，内容就是新一年我们公司的玩法——要怎样做之类的策略。一般来说，供货商听完都像没听一样，摸不着边。过后都会来问比较熟的那位采购员："你老板说啥？"

另一种我经历过的企业策略发布就更有仪式感了，那就是"供货商年度大会"。一大群供货商集中在一个会场听公司发布，仪式感满满，但如此大张旗鼓是否值得需要我们深思。

沟通技巧：善用两种声音

大家可能都听过"good corp, bad corp（好公司，坏公司）"这个经典谈判策略。这招可以说是万试万灵。面对供货商，在条件许可的情况下，我非常建议时刻保持多于一种声音，以求处理问题时有弹性。基本套路是，两个人扮演两个不同的角色，在适当时出现在供货商眼前，左右他的决定，以求达到对我方最有利的目标。

假设你是一个采购员。你的老板非常严厉，对供货商要求很高、很苛刻。而你，人挺好的，没什么架子，勤勤恳恳做实事。这样的组合就很棒了。老板事事要求，有货必退，有价必杀，有错必究；而你，每次都按老板要求做事，却常常开后门给工厂，又教他们怎样写报告……这样的组合，就是"两种声音"：两种同样都是为公司做事，却方法大不同的声音。这里我说的"扮演"，大家也别误会，不是要你本来是好人，非要人格分裂成为坏人。你只需要做真实的自己，要是你不是那样严厉的人，那就别做那个角色。这种方法，靠演不行。这不是一次半次的演出，而是一直都要这样做下去。所以，只有做真实的自己才能真的"演下去"。

反过来演也行。前线采购很激进，老板很平和。采购平时啥也不批，事事按照条款来做；老板偶尔一出现，原本难谈的事都变得好谈了。这样也算是两个声音，可以长期作战。同样的玩法也可用在不同的部门：质量与采购。质量只按标准收货，采购却有"特采"权。

我用得最好的那一次，是跟总部的同事唱"二人转"。那是一个质量问题，供货商出错，认错了，却不赔偿。我这边谈僵了，没进展。我找总部同事问谁有项目适合找这个供货商报价，我发现有一个吸引力不错的项目正在找人报价。我马上请这个同事帮忙，让老外同事静静找此工厂报价，然后装作很想下单的样子。两件事同时进行，我的谈判筹码一下子就大了很多。因为，下单的大前提是付清赔款。旧事未清，新事不谈。我这边也没有怎样演，同事和我都是在演好自己作为采购员的角色而已，效果却比单打好。

善用两种声音，把自己的弹性最大化。懂得用，效果会很好。

供货商大会：高效沟通

美国公司有一种常用的供货商沟通手段叫供货商大会。租个五星级大酒店一天，把所有的供货商拉进来，听完台上一个又一个买方公司的高层说各种新策略，然后供货商轮着上台拿各种奖。再然后就是个别采购员跟相熟供货商应酬，最后饭局。有的公司可能还会在第二天搞一下打高尔夫之类的活动，增进大家的感情。

这种供货商沟通方式高效吗？非常高效，可以说是最高效的了。一对多，而且是珍贵的线下面对面形式。要是主办方想证明这样的活动是有效的，那只需在活动后填填问卷问问这样的活动要不要举办下去。我相信所有人都会选要的。呵呵，当然啦，有吃有喝有玩的，谁不高兴？

要是多问一句："下年我们会在你的发票上加0.5%作为此活动的费用，好不好啊？"那才是关键。这高效沟通的后面，是钱！钱！钱！这件事跟面子有关，主办方不会找差的场地，而且绝对不能比去年差，不然供货商会怀疑企业生意是不是不好了，那还不如不办。

另一个更大的问题，是供货商之间有机会交流了。"啊？原来你也在卖给他产品呀？"聊着聊着，你就控制不了将会发生什么情况了。这倒不一定是坏事，他们也不一定就会聊天。只是，作为客户，你提供机会让他们互相认识、互相知道，对你又有什么好处呢？为什么要为他们将来"围标"（意即几家公司聊完天才出价，非公平竞争出价），创造可能性呢？所以，整体上我是反对这样的供货商大会的。花钱买风险，不太聪明。要高效沟通还有很多方法，不一定就只有这招，对吧？

倒是那些奖很聪明。对供货商来说，能拿到某世界知名品牌的"年度最佳供货商"大奖，是一种认可，绝对拿得出手，够他显摆好一阵子了。品牌方呢？不花钱。这些奖都是无形的，除了那个奖杯几十元到几百元的工本费外，基本上是没成本的。而且，奖不是只有一个，也可以是多个。"最佳供货商"只能有一家，那"最佳进步供货商"呢？要是不够用，不妨加上"最有创意供货商""最强成本供货商""最准时交货供货商"等，创意无限。

非正式沟通：助力器

大部分的谈判，都是在不知不觉中完成的。你跟老板出差时不经意吐吐苦水，很可能成为老板给你加薪的一个根据，甚至直接促使他做决定。非正式沟通的功用之大，往往超出想象。我们也可以利用跟供货商的非正式沟通去完成一些任务，达到双赢。

一、饭局

中国人谈大事都是在餐桌上，此话不无道理。根据过往的经验，我绝大部分跟供货商老板见面的机会，都是在饭桌。很多老板都不在一线工作，所以除非采购员强烈要求，否则一般不能在聊项目、聊订单、聊交货等的工作场景中见到他。没什么大事，也不好要求对方老板出来开会。但吃饭不同，人人都要吃饭，再忙也要吃饭，所以顺理成章成为采购员跟供货商老板见面的好机会。

餐桌是轻松的。先来聊聊这个餐厅的什么海鲜好吃，然后扯到地方文化特色，再来就是自由发挥了。会聊天的人很容易就可以找到共同话题，这些绝对都有利于聊正事。有经验的采购员，大概能从供货商老板的安排上看出自己（的订单）在人家老板眼中的地位。这有点神，也不科学，只能说是经验之谈。

你可以在饭局中问问行业的消息，像谁谁谁是不是做得很好啊，跟你们有没有竞争之类。一般来说，老板是非常非常愿意跟你聊这个话题的，很多老板会如数家珍般地告诉你，过去那些年整个行业的发展，以及他们老板间的恩怨情仇，这些都是珍贵的行业信息。我曾经试过把我在各个供货商处的所见所闻，专业地写成一个非正式报告，主题大概是：供货商们那些不得不说的事儿（The Gossip of the industry）。老板们十分好奇，每次见到我都会聊起来。这些对采购仕途确实有帮助。

饭局也适宜聊一些非实质的内容。比如"老板您是怎么开始做起这生意来的""您的成功之道在哪里"之类的问题，能把气氛带好。老板也一定会轻松地、客套式地向你提问工作细节的问题，如"跟我们合作，一切还好吧"之类，那正是个好机会，采购员可以把握一下，把重点要聊的事拿出来。例如："一切都不错，就是时间太赶，可能来不及了。老板能否帮忙安排一下资源？"这样就很好了。大供货商有很多项目在做，跟你项目的那位业务员不一定能在工厂中争取到好的资源（如高峰期的产能）。你这样一说，倒是帮了这位业务员一个大忙，也帮了你自己一个大忙。

我个人觉得，作为采购员，酒不一定要喝，但饭局必须去。吃饭不是所谓的应酬，而是实际工作的一部分。吃一顿有意义的饭可能比你开几次会更有效果。事情是这样做起来的，Ben叔也是这样胖起来的。

二、交通工具

我曾经遇到过一家工厂明明有几台车、几个司机，老板本人却亲自来接我。我深感荣幸之余，也意识到这是老板精心的安排。果然在路上他有事情要谈。在车上聊天，有好有不好。不好的地方是累。长途跋涉很累，舟车劳顿很累，下飞机了还得用脑……我只想好好回酒店睡个觉。但供货商老板来接，就跟司机不同，我不能闭上眼睛不理他。好处呢？一个私密而安静的空间，一对一必问必答，双方无处可逃，气氛也是极好。人家老板跑那么远来接你了，你能不给点面子吗？所以业务员要是看到这里，下次应该知道怎样做了。

初次见面在车上可以聊很多东西，往往可以对工厂了解个大概。要是来的只是个业务员，而我也不太累的情况下，我可能会问"这工作好不好啊？"之类的话，侧面了解一下供货商。除了以上两个场合外，咖啡店、酒店大堂等，都是良好的"非正式沟通"场合。懂得用，效果会很好。

非正式沟通比较适合跟人有关的话题，听听八卦是极好的。"我们老板人很好，但太严肃了""业务总监其实是老板娘！"很多时候它们都是有用的信息。聊数字倒不太好，记不住。数字类的信息比较适合在会议室正式聊。非正式沟通是个助力，非常有意思，但不能取代正式的沟通。两者同样重要，必须并行。

合同：不是只有一种

最正式、最有力的沟通是合同。合同管理（Contract Management）是采购员的一大工作。要是在供货商端发生了什么大事，要用合同解释的话,那在第一线工作的不是法务部,不是公司的律师,而是采购员。虽然采购员不一定懂法律,但应该有能力去解释双方所同意的合同。要是碰到有不同的解释(那是一定的,大部分人都不是公然违约,而是各自有各自的解释),那采购员应该马上跟供货商沟通想法,并修正见解不同的部分,完善合同。

供求关系中常见的合同,来来去去就是那几个而已,要学也不难。这节我会把每类合同都概览性地说一说,不会很仔细,只以科普为目标。

一、保密协议(Non-Disclosure Agreement,NDA)

不管生意有没有做起来,采购员都该跟任何第一次认识,而又有合作意向的供货商签保密协议(NDA)。这一点一般500强大企业不会漏,而小企业却不会做,两者可以说是相当极端。理论上,你跟供货商所聊的任何事,包括你公司的情况、项目的初步想法,哪怕是非常初步的想法,也是需要受保护的。而NDA就是法律上正式的保护方式了。

有些NDA很霸道,我建议业务员签的时候小心点,特别是保护的范围。有些信息,客户说是他们自己的,而你却早在认识这个新客户前就已经知道了,按正常的NDA合同它是不在保护范围的。可是什么内容是你早知道的,怎么证明。公说公有理婆说婆有理,这就麻烦了。

基本上,大公司要求签的NDA,供货商是无法拒绝的,除非直接拒绝客户来访。根据我的经验,这部分是无法跳过的,但也就是走个形式而已。工厂真不签,采购商唯有真不谈了。

二、供应合同(Supply Agreement)

这份合同是用来确保最基本的买卖关系的。简单说,就是"买方跟卖方正进行一项交易,是你情我愿,有根有据,以此纸为凭"的意思。有些合同，工厂不会突然被品牌方告他盗版生产（用不用对方标签、品牌标识或知识产权，又是另一回事），品牌方也可以制约工厂必须按要求生产，否则属违约。

这其实真的是个很基本的合同，所包括的范围也就仅此而已。但要注意有些供应合同包含了赔偿责任、产品责任等风险转嫁条文。供求两方都要看清楚，这是否是双方都能接受的风险。一说到赔偿，大家就要搞清楚定义了，像迟交货期要赔偿，听来很合理，但要是有些生产数据或原料是由于客户方没有提供呢？那就不好说了。随着大家越来越小心，合同就不再简单了，越写越复杂。要是只有一两次交易，没打算发展长久的关系时，那么一张供货商签回来的订单其实已有一定的法律效用，功效也大致相同。

三、模具合同（Tooling Agreement）

这是单独为模具而设的合同。为什么模具跟单品不同，需要另外一张合同呢？问问你家财务经理便知道。一是因为这是在账目上以"资产"形式记账的东西，跟单品不同；二是因为这一般关系到知识产权、拥有权、用户许可证等的问题，与产品合同内容大不相同，所以分开也是很有道理的。

一般模具合同的内容为："以下模具为买方授权卖方生产。模具虽为卖方制作，但不得用来生产非买方要求的产品。买方同时已付清并拥有此模具，现授权卖方使用生产，详见供应合同。"

特别要注意的是，模具生产跟模具使用/维护可能是放在不同的合同里。举个例子，买方可以在A工厂（专业只做出口模具的中国工厂）生产模具，出口到墨西哥某B工厂（专业的OEM加工厂）。那模具合同当然是在A工厂签，以后模具坏了、要小规模修改等的维护工作，就该放在跟B工厂的供应合同内，分开管理。

针对大量合作开发产品的供货商，我建议用一份合同就行了，然后用附录的形式说明"以下模具全部都在此合同的控制范围"。这样就能简化合同。

四、独家合同（Exclusivity Agreement）

什么时候需要使用独家合同？当买方看到好得不得了的产品，想完全据为己有，不想其他人能花钱买到时，就可以用到独家合同。"卖方同意把同类产品只售给买方"，这样一写，就可以把潜在的竞争对手排除掉一部分。可是这个霸道条款，必须伴随着一个大的订单，不然……谁理你？要是你的采购力不够，这恐怕是个不易实现的条款。

要是谈不下来怎么办？退而求其次，地区性的独家合同也可以考虑。这一般来说会比较容易，也比较合理。但现今网络发达，地区性的保障很难实现，聊胜于无而已。我在 BE 内教业务员不要轻易答应这种要求，要是真的答应，那也必须是"左手答应，右手取回"，拿到他的资源条件，不要单方面付出。

其实，不一定要独家才能把产品据为己有。你要是能争取到一个很好的价格，不是独家，也是相当有优势。拿着好的采购价再发展分销渠道，也是一个很好的出路。

五、共同研发合同（Joint Development Contract）

这算是高级合同了，没有一定的模板，但在外贸中也是有可能用到的。我常常听到有些外贸人说，在无合同的情况下，客户不让他们把产品卖给其他人。于是我问，是人家研发的吗？业务员说双方都有出力，一半一半。要是这样的话，你就太笨了。对不起，这样做真的笨，我希望你们不要再犯错了。你要是懂得在开始时就要求对手签订这种共同研发合同，共同拥有产品，就不至于那么被动了。唉，因为不懂得国际商业惯例，不懂得要求而总在被要求的中国出口商，做最多的事赚最少的钱，真的是让人心疼。

对买方来说，这个合同的好处是可以分担一些产品/技术/平台的研发成本和风险，并且限制了只有少数人能使用研发的成果。没有此合同，大家都不会愿意多走一步，也不会愿意投入。产品还好，要是研发的是科技（例如中成药治愈某绝症）或平台（例如某种行业标准），这么大的投资不可能在没有合同的情况下进行的。

共同研发合同的重点应该是约定双方各自的付出与权益。排他性也是一个重要考虑，例如所有成果的应用都必须经过双方协议，并不接受第三方使用之类。

六、分销合同（Distribution Agreement）

找供货商谈分销合同？什么时候供货商变成客户了？的确，绝大多数情况下都不会。但有一种情况，就是我常常建议的外贸人跟客户做多维度合作时，会用得上。我曾经处理过一段复杂的关系，就是供货商同时也是我们的客户，而且还共同开发了产品，同一公司我同时要处理三张合同，太复杂了。在这种情况下，这份分销合同其实是单独处理的，供货商增加了一个身份成为分销商，除此之外跟平时的分销合同没有什么不同。细节是销售部的同事去谈的，采购部只是名义上的合同管理员而已。总之，筹码大了，什么都好谈。

七、授权合同（License Contract）

"现在，我方同意供货商使用我方大名鼎鼎、世界驰名的商标/技术生产产品，并只能在如下所说的特定环境下进行生产/销售"这就是授权合同。举个例子，要是我接了米老鼠的OEM订单，那买方必须与我签订这份合同，制约我不能多做，不能少做，不能以任何形式包括赠送处理这些存货，甚至不能在未得到买方同意的情况下对外宣称是为米老鼠代加工的工厂。这是非常合理的做法，因为人家米老鼠是花了近百年时间养出来的老鼠（笑），是一只身价很高的老鼠，凭什么被我这个第三方乱用？

模具拥有权、使用权、版权、销售权、生产权……没错，的确是有点复杂，连老手都有很多地方搞不清楚。合同就是为了严格定义这些不清不楚的灰色地带。

以上大致包括了正常的供求关系下可能涉及的合同，科普一下，真要用上时大家也知道合同的名字与功效。

优质客户：提高自己的优先级

供求关系是一个巨轮，不少人只看到轮的一面，所以世上就有了"客户就是上帝"如此片面的话。

不同意吗？那么我们举个例子：银行。银行的客户很多样化，可以是个人，也可以是团体/企业。你也一定最少是一家银行的客户。假如某天你突然有需要，要借一笔钱。你走到银行，跟经理聊一聊，银行经理问你是不是拿房子做抵押。你摸摸头告诉他你没有房子，但你说："我一表人才难道还能欠你钱？我有正当职业、有定期发薪的，一年后必能还你！"很好，后来银行答应借你一个"个人贷款"，数目不多，但利息却不低。你心有不甘，觉得不明所以："难道我不是客户吗？难道，我不是上帝吗？"

大家看到这里会笑，"你以为你是谁呀？""你借多少个亿了？大客户上帝大人"……我们都先别扯到那么远了，就是普通的 retail banking（零售银行，就是分行针对个人的业务），一般也会把客户分级。越"优质"的客户，越能得到好的条件和服务。同样是借一百万元，其他人或者可以用更低的利息借回来。在你跟银行借钱万般困难的同时，银行甚至会主动向非常"优质"的客户提出借贷，哪怕人家根本不缺钱。所以，客户与客户之间的分别，银行是看得很清楚的。

一、什么是"优质"客户

究竟是什么决定你是不是"优质"客户呢?对银行而言判断的标准很简单,就是你的还款能力。有资产抵押是最好的,风险很低,银行很乐意借给你,反正你还不了钱资产就归银行了,也不怕你走掉;要是没资产呢?那就看你的情况了。要是你的工作看起来非常稳定,银行也相信你的顾主不会突然关门大吉(如政府单位、大企业等),那么你也是挺优质的。银行自有一套风险评估的标准,根据此标准,银行会决定收你多少利息,以对冲他所冒的这个风险。

我曾经看过一本书,说有一位美国人为了让自己有资格借更多的钱,于是他有计划地不断向银行小额贷款,并在约定的时间内全数还清。他这样做是为了让自己的信贷记录更良好,更能够成为他们的"优质"客户,成为一个"Preferred Customer"。我不知道他付出的利息成本是不是真的值得,但最少我认同他对于成为 preferred customer 的重视,并在日后的采购工作中用上了这个思维。

二、不用理会"非优质"客户吗

有钱赚谁不赚?不是优质的客户难道就不理会了吗?不是这意思。理还是理会的,理多少,怎样理,理多久……就有分别了。我们想花一百元买几百元的价值是可遇不可求的。如果你的订单差不多养活了你供货商一整个工厂,那么你成为他们 preferred customer 的机会是相当大的(但也不绝对)。按道理在这种情况下,供货商是愿意把最好的都给你:最佳价格、优先排单、独家产品、专人跟单,等等,应有尽有。大企业的采购工作是相对容易的,因为让供货商听话的,不是你的能力,而是你家那巨额的订单。真正难做的，是小企业那个苦苦持家、需要左右逢源的采购员。在没有巨大的订单的情况下，怎样才能成为供货商的 preferred customer，那才是真正的功夫和学问。

三、"如何打动女神"

如何在订单不多的情况下成为 preferred customer 呢？这跟"普通人如何娶女神"是同一类问题，你失败的机会最少有百分之九十。我只能说，如果我们做了什么事情后，能有百分之十的机会获得成功，那就很不错了。关于这个问题，我在下面将要提到的这套技巧和心态，是特别特别值得 Soho（Small Office，Home Office，自由职业者，外贸中指独立创业的人）去学习的。大部分的 Soho，上搞不定客户、下搞不定供货商，如何才能在订单不多的情况下"空手套白狼"，是个非常重要的能力。那么具体要怎样操作呢？为了方便大家理解，我们不妨用男女关系做比喻。这比喻我说过很多次了，也被某些大神"借用"过：供求关系太像男女情爱婚嫁之事，要是出版社许可，我本来很想把书名叫作"坏男人的采购学"，那就相当吸引眼球了。

各位幻想一下自己是位一无所有的男人，在各种不利条件下如何能够打动女神呢？我试举了以下的可能性。

（一）你看来有前途

正所谓"莫欺少年穷"。今天的我不怎样，不代表我将来不会出人头地。这位一无所有的客户，刚刚出来单干做 Soho，虽然客户基础不好，但看他精通数国语言，服务客户能力又强，而且对行业又懂……现在不好好支持他，更待何时？！现在爱理不理，将来可能就高攀不起了。懂了吗？工厂老板很有自己看客户的一套。你要打入他的内心，告诉他，你虽然没钱，但是有其他的利用价值。

（二）你看来要坚持一辈子

没多少女生能抵得住长期的追求。决心是有力量的，是强大的。时间能累积很多东西，一个人要是能在同一行业做二十年，就算他不想，他也必定懂得这行业很多的知识。所以，要是一个小客户能在一个行业稳定地做一段不短的时间，就算他的业绩不太增长，也必定是有稳定采购力的，是一个有点吸引力的 preferred customer。工厂是不希望你倒闭，失去你的稳定订单的。

不过，聪明的女生能很容易分出决心的真伪，见多识广的工厂也一样。你的商业模式和背景是不是真的能在这个行业生存下去，工厂/供货商自有看法，不是你装就能装出来的。

（三）你看起来很"暖"

"天气冷了多穿衣服"这个梗，还是有点用的。人心是肉做的，就算是商业决定，绝大多数人也都会被感情左右。多关心供货商，事事往双赢的方向去想，时间久了，供货商一定会往心里去的。相反，每次都只想你赢，明明能放过的地方也不放过别人，把所有的灰色地带都归自己所有。这样下去人家也只会当你是个普通客户，单在情在，没单就再见。

注意我这个"优质客户"的概念不等于业务员口中的"大客户"。要是站在供方的角度找个贴切的名词，那可能"策略性客户"比较合适。单大不大，真的不是重点，单不大也能让供货商把你当回事，那就是本事了。把自己打造成供货商的 preferred customer，无往不利。

投诉业务员：善用权利

工厂硬件不错，可是软件不行，怎样办？忍吗？

不忍。这事完全可以用沟通解决。所谓软件，我指的是人，跟你对接的人，也就是供货商的业务员。要是供货商是好的，重要的，那么为了一个前线员工失去一个优良供货商，实在不智。身为客户，你在决定跟供货商终止合作之前，还有很多选择。包括：

- 间接投诉；
- 正式要求改善服务；
- 要求换人；
- 发票警告。

供货商不傻，就算老板不愿意，只要他知道再不改正过来他将失去你这位客户，那他一定会"弃车保帅"，哪怕被投诉的是他的亲戚。投诉也是门艺术，不是一味地发脾气才叫投诉。要相信冷静的力量，有理有据地投诉绝对比你大吵大闹有用太多。现在我们看看这几个方法吧。

一、间接投诉

一般我都不太赞成间接暗示这回事。但要是事事投诉，那就等于没有投诉，就像一个天天只懂吼孩子做作业的妈妈，孩子慢慢就不怕她了。所以在正式投诉前，一切的非正式投诉都可以用上。间接投诉可能是个好方法，比如："还是上次那个报告好一点啊！""你们以前都做得很好的，是不是车间换人了?""再这样你老板要赔钱了",等等。口头为主,让他们听出你的不满之处。当中的艺术是不要针对人,不然很容易让供货商业务员留下心病,那比不沟通还差。

二、正式要求改善服务

要是业务员屡劝不改,每次都得过且过,那么就跟他来真的,写信投诉。要知道,有些地方(如香港),雇主如果正式发出警告信要求员工改善工作表现,下次发现他还有同样问题的话,可以直接解雇,不用赔偿。这样一封来自客户的投诉信,到了供货商领导手中,绝对是有分量的。

这类型的信我比较偏向用英文来写。一是我本来就在跨国企业工作,公司要求用英文;二是仪式感问题。我不仅用英文,而且还要用公司正式的信纸(印有 logo 的那种)打印并正式寄过去,以示重视。内容大概如下:

With regards, I am writing to express my disappointment to the performance of Mr. XXX, and is seeking for a major improvement plan which enable our business efficiency.

这样开头,会吓到他不敢不看下去,然后是投诉的正文。这部分必须有理有据,比如说这人屡次不小心把文件搞错,我方每次都要花时间纠正,而且我看不到他有任何改变。最后收尾可以是这样:

This letter serves as an official compliant and we are expecting an immediately correction/improvement. Let's look forward a better cooperation in the future.

这种写法就够正式,也有效用。这样的正式投诉虽然已经是针对人了,但当中有理有据,还是主要对事。不要觉得对不起那个被投诉的人——当年我还是新手时也被投诉过,到今天我还挺感谢那个人的。

三、要求换人

这么多年我只试过一次要求换人，实在是忍无可忍。一个做得非常差的业务员屡劝不改，而对方又是个小公司，投诉信没有效果。有一天我直接就去跟他们老板谈。我说得很直接："我个人非常不喜欢这位 XXX，是的，我就是不喜欢他。你不换人也行，我不会再支持你们了，你自己看着办吧。"

结果？不是你死，就是我亡。老板是生意人，知道轻重的。只是这样是真的跟人结怨了，没有必要的话真别这样做。

四、发票警告

这个是比较文明的方法。用以上的例子说明一下：假如我没有去当面要求换人，而是给供货商一张发票，写上"培训贵公司员工的成本"，直接在下一批货款上扣。对，这么做显得有些蛮横无理，但供货商就不得不重视了。他来谈的时候，我方就可以摆出高姿态了。"没事的，你这钱我们可以不收，但成本是真的有了，你看该怎么办？我天天帮你们同事弥补漏洞也不是办法吧？"你可以想一想，平时得过且过的供货商，此时还能不重视吗？

悲哀的是有些人有些事，不投诉是不会自己改过来的。投诉，其实也是一种沟通方式的，长远来说对双方都是好事。反之，我们明明不满，却一直闷在心里，积累的情绪很容易变成不理性的行为。是投诉还是不投诉？你好好考虑吧。

第四章 采购的核心策略

CHAPTER FOUR

第四章的内容，恐怕是全书最深入的了，也是我审读稿件时修订比较多的部分。这一章的概念比较复杂，我尽我最大努力用最简单的方式进行表达。本章包括好几个重要的概念：四象限、VE、Dual Source、换血、养厂（培养供货商）、采购漏斗等。同一个关键词你或许能在国外网站上找到，但本书中对它的解释百分百是根据我自己的经验而来，属于独家见解。新手读这一章可能会有些困难，要是看不懂，不要勉强，过一两年再看看。本章不涉及实务，因为我把实务放在其他章节。第四章很精彩，个人认为是本书的精华。

双重来源策略（Dual Source Strategy）：大买家的"备胎"策略

我常常说，做 500 强类国际大客户的业务通常都是一波三折的。没有足够的资源，真的宁愿早早拒绝报价算了。就算你过关斩将最后入了他们的 AVL（Approved Vendor List，合格供货商目录），也不要高兴得太早。因为，经过各种审查，你费尽力气入围后，也不一定有订单，就算有，也可能只能拿一小部分。为什么会这样呢？

一、写给业务员

我曾经问过许多外贸业务员一个问题："大家觉得新客户重要还是老客户重要？"答案一般都是一面倒，认为老客户重要。嗯，很好。接着我问了另一个问题："你知道你做了你的老客户多少生意吗？"这问题就难倒大部分人了。如果你查一查，你的客户究竟在国内买了多少东西，可能你会惊讶地发现："啊？我们最大的客户原来还有那么多订单给了别人。"读到这里，你可能马上提出这些问题：

— 怎样查？还有这种操作？
— 查到真的是这样了，那是为什么呢？难道我们做得不够好？难道客户准备换掉我们了？

– 我能把人家那些订单都吃掉吗？我有没有机会？该怎样做呢？

第一个问题很简单：海关数据。我不是这方面的专家，就不多说了。说一些我熟悉的好了。要回答第二个和第三个问题，你必须知道一个专业名词：Dual Source Strategy。

供应管理的基本原则是，稳定比成本更为重要。因为不稳定的供应可能带来很多麻烦，最后影响的可能远不止是成本，更可能带来其他更严重的赔偿。要是变成这样的结果，不是采购员省那一块几毛钱能补偿的。因此，"不把鸡蛋放在一个篮子"就是最佳答案了。所以，同时找两个或更多供应商就相当合理了。

如果你不小心发现了客户在外面有其他供货商，请不要觉得是你做得不好，客户也不一定有换掉你的计划；但你也别妄想能"干掉"所有对手，一家独大、一统后宫，这些都是错的心态。因为，"左拥右抱"是常态，是客户故意做成的局面，请不要试图改变。Ben 叔金句，"是他在买，不是你在卖"，懂吗？

以上内容，都是写给业务员的读者们。以下的内容是给采购专业人士看的。

二、写给采购专业人士

解决了业务员的问题，下面我来解决采购员的问题。想一想以下的问题：我该不该让两家知道有对方存在呢？还是偷偷进行比较好？

（一）是不是所有产品都要两个供货商

第一个问题思路比较复杂，但结论比较简单：不是所有供应都要两个供货商。上面刚说了，双重来源的初心是为了稳定供应。有不少东西，市场上相当充裕，在某宝上随时都能买到，根本不用担心风险。不跟 A 厂买，随时都能找到 B、C、D 厂买。这样的产品，可以是标品（例如 ABA 三层纸皮外包装箱纸），也可以是技术门槛比较低的加工产品（一般五金制品之类）。这种普通供应，基本上就不需要双重来源了。其实，采购员可以用一个问题来测试：要是明天这个厂突然没有了，没法交货了，你是不是还受得了？在用完所有存货之前，换新供货商来得及吗？如果后果不敢想象，那还是要两手准备。

（二）这是否意味着双倍供货商开发成本

当然，坏消息是同时维护两个供货商是有成本的。但这是你平衡风险的成本，不多不少都会有的。如果是 OEM 的专用部件，那更加会涉及模具相关的巨大成本。两个供货商，就是两倍的投入。不是所有项目都能承受这个水平的成本的。那怎么办？想想以下策略是否可行？

- 尽量只在最关键的工艺上做双重供应。
- 把开发和模具成本转嫁给供货商。

第一招，尽量把工序工艺细分，然后只在最关键的位置做双重供应。举个例子：表面处理。你的五金产品可能是以完美外观著称的，那么产品的表面处理供货商就相当关键了，不是随便一家都能达到你的要求。鉴于此，你应该找多于一个供货商，不止找，更要"开发"。一个有能力的供货商不直接等于一个适合你的供货商，这中间有很多方面是需要磨合的。这两者的距离，详见采购策略。

所以，我们该找两家五金厂吗？站在品牌商找 OEM 工厂的角度，主流的做法是找五金加工厂，然后他们自己找下游的表面处理工厂，而非直接下单给表面处理厂。但在这个例子中，由于核心工作是表面处理，也就是说，找好的五金厂不难，找好的表面处理技术加工厂难，那么我们对电镀厂进行"双重供应"就成为第一个条件了。所以结论是该找两家电镀厂，而非两家五金厂。

找出核心，然后只在核心做双重供应的唯一原因是：这样比较便宜，这是第二个条件。但如果这样做并不特别便宜，不特别有效益的话，那就不值得跳进两层的供应链去管供货商的供货商了。

另外一个做法，就是把成本转给想插足的供货商。可是这一招……过时了。回到2004、2005年时，我可以很容易找到胃口大、敢于冒风险的厂家。只要你给他机会，大多数情况下他都会争取成为备胎的，真的会把整套模具先做下来，然后等客户的订单。当然，这些聪明的厂家不会平白给我们买方开模的，一般都会有条件。但这也算是个好的开始，最少，有得谈。

对于采购风险高的需求，不论价值高或低，我们都必须留个心眼，多使用库存策略、双重供应、承包生产等的方法，以降低风险。

（三）真的有两个供货商之后，要怎样分配两家的订单比例

"当你找到合适的备胎后，下一步要怎么办？""用起来啊！""那什么时候用呢？""等有危险的时候就下单给他啊！！不然怎么叫备胎呢？"

以上模拟对话，叫作梦话，自我感觉太良好了，好像供货商都在为你一人而活一样。你们平时没什么生意往来，急起来找人时人家不一定愿意帮忙。就算是已在AVL但之前未有单的供货商也是一样。既然是急用备胎，那一定是原来的供货商出了大事，并非一两天就能解决的那种大事。你那时才跟备胎厂买货，一下子所有事情都会不顺手。记住，所有合作关系都有一个磨合的过程，不是一来就能用的。所以，平时就得合作起来，而不是临时抱佛脚。

各位采购的同人，不能等！平时就要给供货商足够的甜头，让他觉得跟你的合作是愉快的，只要他好好干，明天会比今天更好。对工厂来说，最好

的甜头是真真正正的订单。所以买方要想有意识地培养一个供货商，最该用的就是订单。然而，订单量要好好分配，因为你还有个本来就合作愉快的供货商。一般我建议的比例是 8∶2。但这个比例和数量具体要看你本身的采购力。要是订单本来就不多，那两成就更加小了。订单太少的话反而可能会有反效果，所以得再想想还有什么可以做。要是真的没有力量，那就不如直接跟备胎沟通一个好的备胎方案："要是我突然要下单了，你们干不干？怎样干？"

是 7∶3、6∶4 还是 8∶2 这也可以是弹性的。我也赞成不要完全固定，而是随着供货商的表现调整。在关键采购上让供货商之间有竞争是一件好事，这可以以他们年终的达标情况作为依据。但这一个调整不宜明文规定，因为你难保明年这个项目会不会突然停掉。正所谓没有期望，没有失望，让他们自己猜猜标准为何就好了。有时，这样可能更有效果。

（四）该不该让两家知道有对方存在

关于"双重供应"的最后一问是"怕不怕让他们知道我们另外有供货商？"Ben 叔的答案是：我比较怕他们不知道。我就不明白，怕什么呢？怕他们生气不干了？你在开玩笑吗？让他们知道有对方存在，保持竞争关系，"你不是唯一的"，好好干，不然订单都是人家的了，这样是最健康的竞争关系。当然，前提是要有足够的吸引力，让人觉得你是值得争取的目标。成为"preferred customer"就能产生这个功效。

价值工程（Value Engineering）：让石头能钻出血来

小客户的谈判很多时候是个"零和游戏"，客户每杀一元，你就减少一元的利润。以我身为"大客户"的多年经验,这种"你的产品太贵了"的谈判言辞,实属低端,实际上,这种手段不只是低端那么简单,而且没效果。试想一个供货商为你做了五年的产品,每年你都说"你的产品太贵了",你还能在石头中钻出血来吗?

既然大家是讲道理的人,我们就要讲道理,用高大上的方法去杀价。双方好好坐下来想想,有什么方法,可以把产品的成本降低,同时保留它应有的价值。最容易明白的例子,可能就是把产品某些非关键的金属部分改为胶,成本低了,又不影响功能。如果是内部的零件,外观也不会有什么影响。客户觉得这样一不会变难看,二不会变不好用,三成本低了,何乐而不为?算一算,这些改动能每年省下10%的成本,而且双方都没有损失,并非你死我亡,这才是一种"可持续"的杀价行为。

以上的做法,国外采购商给起了一个高大上的名字:价值工程（value engineering,简称VE）。在500强企业,这不只是一个工种,更是一个部门。做VE,需要的知识非常广泛,竞争对手的产品要很熟悉,工程知识要强,会管项目,会成本分析。人才的要求很高,但利润非常可观。

假如客户愿意将省下来的那10%的成本,分享一部分给提出方案的人,那是何等让人振奋的事啊!客户不是神,更不是好人,这样做只是想引发更多的点子。你可以做一个实验:去车间,问一问车间的小妹,最难做的是哪一种货,问她为什么。一般你会听到她说:"就是那种货啊——很难一次就做出来,常常要返工再做,很麻烦!"这些都是十分珍贵的信息。这代表了进步的空间,代表了省钱的机会。这里我不深入写下去了,你只要问一下车间的人有什么好建议,一定有惊喜。

只要是有正式采购部门的公司,都一定会有一个每年的省钱目标。做这些客户的生意,除非你有自信人家非买你的产品不可,否则只要你还想做下去,我建议你们还是自动自觉减价,而且越积极越好。须知大客户绝大部分情况都是愿意讲道理的（当然,在迫不得已时还是会很难看的）,你先提出降价3%,比他先提降价5%要好。减价也是门学问,你突然来跟我说减3%,那我会问你为什么以前不减？你还有多少能减？这时候 VE 就给了减价一个正当理由了。

那么多年来我才做了两个 VE 项目，而就我过去所见，国内没有一个公司会主动专门立项。大家不是常常问怎样才能和其他供货商不同吗？你明天就去开个 VE 部门，我担保你是全国第一。

如果你的生意还是在打了就跑阶段，做一个一个的小客户，你觉得自动减价是不可思议发神经的事，那你还未到想要明白 VE 的阶段，可以过两年再把我这篇文章翻出来看看。

换掉供货商（Supply Shift）：如何偷偷换掉供货商

一般在供货商换血的过程中，有两种可行的过渡方法。

第一种，Dual Source Strategy，就是说新旧供货商并存，慢慢把订单比例调整，旧供货商的量慢慢变少，新供货商的量慢慢变多，这是比较常用的策略，只要时间充裕、条件许可，绝大多数的买手会以这种方法过渡。供货商大多会发觉订单越来越少，询问采购员一般会被告知市场困难生意不好什么的。然后有的会突然"被通知"结束买卖关系了，而有些则保留一个低订单量，让人食之无味，弃之可惜，成了备胎还不自知。偶尔有些很好很大度又很自信的客户，会提早通告供货商换血和撤退的计划，好聚好散。

第二种，跟第一种的"慢慢变少"相反，是"急速变多"。在新供货商未准备好，而旧供货商又因某些原因需要在短期内撤换时，就用这种策略。在短时间内，把未来较长的一段时间内要上市的货物的库存量都买回来，放在仓库；同时，急忙发展新的供货商，争取能在库存用完前找到新的供应源，顺利过渡。事实上，大企业很少会采用这种高风险的策略，一般小公司用得比较多。当供货商还以为生意越来越好、订单越来越多时，其实已经离"死"不远了。

一、"换血"策略

在我未完成的小说中有这么一段，主角为了避免被一个非常危险的供货商收购的命运而奋起反击，并想尽办法换掉他们。创作这一段是基于我的某段类似的经历。当时公司虽不至于有被收购的危险，却是真有必要管理一个我们太依赖的供货商（其实他们很成功、很强大、也很友善，只是专业立场上的危机感而已）。实际操作中，换一个重要的供货商其实一点都不容易，而且还有相当大的风险。最常见的风险是品质，新供货商未来得及成熟就急着把旧的换了，最后发现原来新供货商根本做不来，也只能硬着头皮跟他买下去。这种"专业失误"很容易被淡化。采购员善于找各种做不好的借口，最后买单的是产品质量，以及企业形象的败坏。

所以，就算再急，换供货商要尽量平稳。一手对老供货商减量，另一手让新供货商增量，然后保持一个2：8左右的比例一段时间，直至稳定，这个策略是最安全的。事实上，除了在我小说中那种极端情况下，又或者原有供货商的产品有巨大潜在安全风险，一般的商业决定不该急到这个份上。

避免可能发生的风险，是采购员的责任范围。前期的各种看厂、验厂，为的就是避开这些风险。看厂、验厂，为的是让买方更清楚这家工厂是不是真的适合生产我们的产品，是否有足够的能力确保质量和产能，能长期为我方服务。要是前期随便做做，得过且过会怎样？呵呵，不会怎样！！没人发觉的！直至危机出现前都没有人会发觉到！这就是我在第一章说过的风险成本只有前线员工心里知道这个大问题。管理层很难掌握，唯有尽量多地用上设计好的流程，认真实行、监督，然后用上面说的"过渡式"换血法，不要急于一刀切掉。

二、换供货商的原因

换供货商的原因有很多，排除"看你不爽所以拜拜"这种非专业的原因外，我可以总结以下几点：

— 成本与报价变得太高，而且确认谈不下来了；
— 发现重大潜在风险；
— 策略原因，避免过分依赖某一供货商。

不论是什么原因，如果该想的办法都想了，能改善的都改了，工厂还是无法满足我的需要，那只能换掉供货商了。我虽明白工厂有苦衷，然而我也是做生意的。好聚好散，谢谢他之前的配合。可以的话，尽量友好地过渡一下，买卖双方先沟通好交接的过程，大家都把损失减到最低。

三、换供货商过程中令人头痛的问题

换供货商除了可能带来质量问题外，交接时也有很多细节要注意。最头痛的可能是模具转移了。我亲身体验了一两次，真的是要命。

（一）旧的模具在新的工厂用不了

明明都是按照图纸做的模具，新供货商却总是在投诉旧模具不好用，有各种小问题，反正给我的感觉就是让我扔掉旧的，新供货商重新开模具做。最初我还很热心地解决细节问题，后来我慢慢明白这种套路。以后我就不跟供货商扯这些，而是利用跟新供货商的合同解决这个问题：新厂有责任修好现在的模具，并确保能正常生产保证质量与产能。当然，我相信它们真的会发生一些小问题，但我把"解决技术问题"作为新供货商选择时的标准之一。先给新厂一个心理准备，问题一定会有，你好好解决吧，而不是到时来跟我哭诉，又要加价之类。

（二）我们根本不知道有什么模具在旧供货商处

这是常常出现的情况。ERP 一般只会以 SKU 的形式告诉你有什么货在老供货商处，但不会对生产该 SKU 的模具有任何记录。不用很久，跟进的人都换了之后，就没有人记得有什么模具了。按道理，财务部应该是有记录的，但这是理想情况。要是真有，恭喜你，要是没有，不要奇怪。

所以，每年的供货商盘点是有必要的。平时我们就要搞清楚在供货商手上的 Asset List（资产清单），不要临时才抱佛脚，这样可以大大降低各种风险。我在第三章中也说过了，可以在某些合同上做备注，把模具清单搞清楚。毕竟这些都是我们自家的钱……真金白银的资产。

（三）二层原材料供应链的后续责任和处理

这个更麻烦。一般供应链的运作，每一层之间都必定有某种有形无形的约定。有形的很简单，看合同就是了，无形的就麻烦多了。各位想象一下：一天，你合作很久的客户突然不下单了，除了你自己的业务受影响外，你还要面对你那些供货商。你很有可能早已跟他们口头上保证了某些事情，例如你会跟供货商说接了个大项目，你们多多支持之类。但客户突然停单了，这一改变让你一下子不知所措，方寸大乱。站在采购员的角度，你可能需要去处理你的旧供货商的下线们——各种已经定好了的原材料、专门为你项目而做的模具等。这些本该是你的第一层供货商的责任，而不是你直接的责任，但规模大了，钱款也就多了，事情就没有这么简单了。我甚至听说过，某位采购员下班时，突然被人在公司门口纠缠，说："你一个换厂决定让我工厂倒闭了，现在你看咋办？"采购员不明所以，明明已经理顺了供货商的过渡问题，怎么还会有这样的事？后来才知道原来是第二层的供货商吃亏了，找第一层的供货商，人家不理，所以直接来找客户的麻烦了。这种事说不清，采购方直接的责任、合同上的责任的确是没有，但还是有人会因你而受伤。我只能说相当遗憾，你只能留个心眼，知道有这种可能就是了。所谓"人在江湖，身不由己""我不吃饭，我手下的兄弟也要吃饭"，大概就是这意思了。我没什么好的解决方法，唯一的建议是来跟我学点咏春防身吧。

以上的这些难题，其实有时间的话都好解决。所以，换供货商的大忌是急。只要不急，大家好好谈出一个时间表，找出对大家都有利的方法，好好过渡，双方的损失都可以大大减少，将来还可以做朋友。

采购漏斗（Sourcing Funnel）：采购界的客户关系管理

大名鼎鼎的销售漏斗不止在销售和营销上能用得上，在采购领域，也是大同小异的。

首先给那些未听过销售漏斗的读者科普一下。简单地说，任何关系都有一个筛选的过程。在筛选的过程中，我们慢慢把对的关系留下来，不对、不合适的关系就摒弃不要，慢慢地去粗取精，找到自己所需要的关系。听起来好像有点像青年男女找对象的过程。嗯，其实真的差不多，商业与人生，总有一些共通点。

是谁发明这个漏斗概念，我已经没法在网上查到了。销售漏斗有很多人说，也有人搞得很复杂，分成了很多个步骤，但对于学习概念来说简单点就够了。我一般会分三个部分：Leads（线索）、Prospect（机遇）、Customer（客户）。基本上，只要是行家，有机会跟你采购的，就可以算是 leads 了。

prospect 是深一层次的，一般都是报了价，了解过后，在谈判中的才算是。Prospect 最简单的说法，是客观上采购机会比较大的，可以进级到下一层的客户。至于 customer，那更简单，下了实单的，付了钱的，就算是了，如图 4-1 所示。

图 4-1　客户关系漏斗

采购漏斗基本上也是这个思路，根据关系一层层推进。然而最大的不同就是主动和被动之分。以下我用一个我以前做过的采购项目做案例，跟大家分析一下采购漏斗的使用方法。

一、背景

这是我 2013 年左右的项目，当时我跟一法国朋友合作创业（第一次），我们建立的采购顾问公司接受了法国一客户的委托，在中国采购一个热门的产品：纽扣电池。这种产品不难找，在四象限（参见本章最后一节）中属于第三象限，易买又不贵。但客户项目的用量不小，所以找专家（我们）做这部分采购工作。找这种产品最方便的是在平台，发海量的 RFI（Request For Information，信息邀请书）/RFQ（Request For Quotation，报价邀请书），慢慢筛选。

二、线索（Leads）

只要是能供应纽扣电池的供货商，都是我的 leads。注意，在这个阶段我没有分工厂还是贸易商。这有两个原因，第一，现阶段根本分不出来，不可能有任何一个人直接跟我说："我就是中间商怎么啦？"其实要分辨不难，但并不是看他眼神，感觉他的气场什么的就能分出来，要的是时间。所以，最早期的阶段是分不出来的。第二，只要供货商能提供我需要的产品，产品、质量、价格合适，我又何必在意它是否是中间商？我一向都不绝对地排斥中间商（注意，不排斥但不是首选，大部分情况下，我都比较愿意直接跟工厂合作），工厂也不一定就是好。要是工厂和中间商的团队能发挥更好的作用，何乐而不为呢？事实上，我见过中间商报出非常好的价格，而工厂反而差。不是工厂做不到，而是它没有判断到项目的好，所以不愿意报出好价，错过了合作机会。

我们对线索（leads）不妨持开放态度，理论上有越多的报价回来参照，对项目越好。基数不够，我们就无法全面了解整个采购市场。但要做大基数，有一个大难题：

哪里找到目标供货商？

我们都知道中国是制造大国，没有什么是做不出来的；我们也知道大部分工厂都很愿意认识我这位买家。热情的供货商和有实单的采购员之间，只差一个机会。嗯，是不是很像平台的宣传广告？在二三十年前这个机会落在熟悉中外两方的中间商手中。然而在信息差为零的今天，这已经不可能了。上网一找，一大堆线索（leads）。

只是，线索（leads）也有质量好坏之分。难道采购员就相信，拿一份展会提供的参展名录就能找到供货商？不同的找厂渠道（详见第五章）提供的供货商的品质不同。大致上，展会是最高效的配对渠道，但一年只有一两次，时机对不上，就唯有用平台。

三、工作量是否会随之增加

会，一定会增加。但有些事情还是可以做一做，可以让工作量大大减少。发 RFI 和 RFQ 是一件很累人的事。要是你有一千个线索（leads），那你就得向一千个供货商发出你的需求。单是让他们知道有这么一家公司（你）、有这么一个需求，已经不容易了。好多年前就有人提出和发明了 e-sourcing 的工具，把 RFQ 放在一个平台上，然后发给所有的潜在供货商。我也用过这类的工具，用处还是有的，值得考虑作为解决庞大 RFQ 工作量的方法，但不能只靠它。最主要的原因是群发的 RFQ 回复率特别低，比个别发的要低。后来，我开始了我的培训顾问事业后，真正站在业务员的角度去看这件事，才知道回复率低是另有原因的。我把实际的做法留在第五章的实务来说明。本章要说的是高层次一点的策略，落地的事都在第五章。

说回电池的项目，我们在平台和展会名单中找了一百个线索（leads），也都看过他们的平台或官网，至少对方是真的在卖电池。我们用平台的 RFQ 和官网上的电邮发出 RFQ。一百个线索（leads）中，有大约四十个在一个月之内回复，只有十五到二十个供货商能在一周内回复，而其中只有少于一半能完全理解我们的 RFQ。我们还是花了不少力气去沟通我方的需求。

有趣的是，那些一个月后迟来的回复还在问我，这项目还要买多少之类的。也有好一些的回复说不好意思我们之前没看到。讲真的，晚了。项目都有时效性的，过了就是过了，下一回需求不知是何年何月了。

最后，能顺利理解我方需求、有能力做到、有兴趣报价的，大约只有六到八家供货商，这六到八家供货商就成了我们的潜在供货商。6% 到 8% 的转化比率，真的说不上合格。要是我不群发，单独每一家边发边聊的话，比例一定会高很多，但工作量也会大量增加。也有可能是我的 RFQ 不够清晰明了、有吸引力，要知道，今天的业务员，只要是看不懂的，他们就会直接放弃了。

四、机遇（Prospect）

对一个正式的采购项目来说，每一家潜在供货商都是珍贵的。看一下以上那个比率，想象一下我当时的心情就知道了。来到这个阶段的供货商可以说是相当匹配的公司了：他们不止销售我要的东西，而且还有针对性地对我的需求报价（注意，这是两个层次的事，除非你打算购买完全现有的成品，否则，他虽然能提供我们要的这种产品，也不一定代表他愿意根据我方的要求去改、去迎合，哪怕只是改一个包装）。

能让对方成为潜在供货商也是采购方花了大力气沟通需求后的成果。这一点很多领导（甚至是采购出身的领导）都容易忽视。当我还是前线采购小弟时，有一次某潜在供货商可能言语不得体，我当时的领导不太喜欢他们，直接就不理他们的报价了。领导也不想一想这供货商是我聊了很久才让他们搞明白我方究竟要买什么。他一个不高兴，我的劳动成果全白费了。

我有一个习惯，就是一定要收到报价才去看厂。除非很顺路，否则我都不会去。原因之一是浪费时间，就一个项目中的一个潜在供货商而言，花一天时间看厂是一件很奢侈的事。另一个原因是公平原则。大家都未报价，凭什么我要看A不看B呢？要知道，要是A真的不错，那么看完A厂后他的机会一定比其他人大。要是小企业老板本人兼任采购员，随意看厂无可厚非。但要是大企业内的采购员，这样做违反公平专业原则，落人口实，影响仕途。

所以，我鼓励先报价再看厂。价格最好的两到四家公司可以安排去看厂。这样才是有根有据的好流程。而且，这样去看厂言之有物，有针对性。我们找供货商报价会要求对方提供透明式报价（openbook），这样我们能根据openbook进行成本分析，然后有针对性地谈判。举例来说，报价中人力成本不正常地高，那么你看厂时可以从工艺中人力产出比率来聊，要求降价。这样的谈判更有针对性。要是看厂时还未有报价，那你不是浪费了好时机吗？

出每个差,都是公司的成本,必须用得聪明、高效。

在机遇(prospect)这个阶段,涉及报价管理、看厂、选择供货商、后期的样板管理等多个流程。每一个流程具体怎样做,有机会再说。

五、客户(Customer)

对销售漏斗来说,下单了就是客户。从潜在客户到客户,边界很清晰很明确,没太多空白。但对采购漏斗来说就不同了。要是项目时间很赶(很多时候都是),那么很有可能马上就下单了,订单先行,流程后补。有些公司比较正规,过了报价、看厂的阶段后,还不能马上下单,只是让供货商进入了AVL,成为其中一个"可靠、能下单供货商"而已。这一点可说是采购漏斗的特色了。但不论是不是能立马下单,"找供货商"的流程就算是完结了。什么时候下单、下给 AVL 中的哪一家供货商、下多少等,全部都属于供应链管理的流程,不一定是采购部去管的事了。

培养供货商(Supplier Development)

不知各位有没有看过供货商开发经理(supplier development manager)之类的名片?我第一次看到也不太明白这个职位是干什么的,以为只是普通的采购人员,又或者是类似 SQE(Supplier Quality Engineer)的品控人员。后来知道了,原来它是一个挺专业的工作。

一、供货商开发经理(Supplier Development Manager)

什么是培养供货商呢?道理有点像人事管理的理论——不论是外面再

优秀的人才,来到我公司上班时必须重新接受培训,以便融入工作——但只能说是有点像而已。因为培养供货商(Supplier development)还有更深层的意义——这份工作最理想的结果是培养出一项能为己所用的"能力"(Competent),但又不用自己投资。

要说明什么是培养供货商,我来举一个例子。某大企业有三家都挺不错的工厂可供选择。三家工厂各有优势,大家的报价都差不多,都很有吸引力,单子给任何一家都错不了。在这种情况下怎样选呢?我的答案是用有前途又不会背叛我们的。我们都不想培养出一个竞争对手,所以在这方面要小心。背叛不背叛我们这是个大题目,我先不说。我们谈前者,有没有前途。我们要设想,这三家供货商中,要是其中一家拿下我方大部分(举例,八成)的订单,三年、五年后它会变成什么样子?按道理,只要有订单,赚了的利润该用来再投资成为生产的资本、设备。然后,这些设备又让生产的规模变得更大,最终把成本摊分、压低。有大订单的支持,工厂该是越变越强,成为我们的一个重大助力。我的订单,最终是不是能够把供货商的产能变好,成本变低,对我们的依赖度变得更高呢?要是没有的话,那我们的选择可能错了。

我第一份工作所在的那家中日合资的工厂,就是"被培养",成长得相当快。老板接了订单后马上买设备。短短一年增开了三家工厂,家家都一直爆单,天天都要加班。我们的成本优势越来越明显,对手都望尘莫及。我们客户的这个做法很成功。我们这一组(客户和我们),比起别人的组,更加有优势。现如今的市场已不是企业与企业的竞争,而是供应链与供应链的竞争了。

二、我们该选择什么样的供货商去培养

(一)本身底子不错的

上文说了我们的目标是培养一个能为我所用的"能力"。要是从零开始做

到十,那是一件很难的事。我们找个已经有六、七分的,再培养到十就不难了。所以,底子要好。工厂本身的技术能力、硬件设施等要好。这一点在采购经理看厂时该有一个概念。采购员也宜多听质量与工程两部门的意见,作技术性评估。

(二)愿意一起成长的

这是一个软条件。你把订单给它了,把它养大了,这供货商会不会也能压低成本与价格,成为你的竞争力呢?要知道不是所有老板都像经典经济学中介绍的那样会"再投资"的。很多时候,赚了的钱最终只是进入了老板的口袋。本身没大志、没雄心的公司,不能用!只打算自己赚钱,没计划帮客户发财的,根本谈不上什么合作伙伴。

(三)没有竞争条件的

这个有趣。十年二十年前估计很多老外都没想到,当年那些小破工厂和半句英文说不出的老板们,今天居然能站在世界舞台上跟他们竞争。在培养供货商的过程中,供货商的市场经验、技术、人才能力、财力逐渐增强,客户方对供应方的依赖也在逐步增强,最终,供货商反客为主。客户本来打算培养起一家供货商以便对付对手的,结果硬是把供货商变成自己的对手了。这类事,历史上比比皆是,不足为奇。但要怎样才能找个必定不会成为对手的供货商呢?那真是个特别高难度的活儿。我只能无奈又好笑地引用老外一句话:"I look into his eyes and trust him from my heart……"(我看着他的眼睛,并发自内心地信任他)看人吧,反正多留一分心眼就对了。我老东家曾经培养出一个能收购美国任何一个同行品牌的供货商,到那份上就不容易了。

（四）对我们有足够依赖的

依赖是件好事。你有分量了，说什么都好。我们在第三章说过 preferred customer 的概念，这里也用得上。如果供货商对其他客户的依赖度比对我们的高（例如，我们只是他排名第三的客户而已，他还有两个更重要、更有影响力的客户），那么它并不是一个好的选择。我们就算不是唯一，也必须是独大。你把一切都给它了，最后它却说对不起我实在不能离开原来的那个它……那就很尴尬了。

三、如何培养供货商

说了什么是培养供货商，也说了为什么要这样做，以及哪种供货商是值得培养的，是时候说一下怎么培养了。此部分往往需要采购、品控与工程的混合技能，一般都是采购人才中比较资深的专家来操刀。步骤大概是先有政策的倾斜，再有专业人才扶助政策落地。供货商开发经理（Supplier Development Manager）就是这位人才了。政策倾斜导致订单大增，工厂一边开心一边又很紧张不知道要怎么做才能做好，才能做下去。此时，供货商开发经理就出现了，按照客户要求的产品标准，教授工厂生产方法："你们这样做质量不会好，改成那样吧，风险就低很多了""这水平我们不接受""你们快买一台 XX 机，这样才能控制好这个参数"。最初转订单时供货商开发经理可能要驻扎在工厂，随着磨合越多，了解越深，慢慢就不用去那么多次了。我个人不是这方面的专家，但知道他们要做什么，目的是什么。

从进入 AVL 到正式成为策略性合作伙伴，那是一条很长的路。回想起那种"我明明比他现在的供货商便宜 10% 为什么还不用我？"之类的问题，我真的只能一笑置之。培养后的这种供求关系应该是最牢固的，因为两方都有一定的"参与成本",不是公司随便换个采购经理就会"变天"。从更高的层面来看,培养供货商是采购长期策略中的重要一环,甚至可能是采购部极为重要的长线决定和投资之一。单子一定要给得聪明,善用自己的采购力!

▌深入解读采购四象限

销售、营销中有很多类似四象限的思维工具、模型,不少也为人所知,但采购方面的可以说是少之又少。"采购四象限",算是其中一个。作为一个重要的工具,我会在本书中多花篇幅去写,希望能让你更明白,并灵活运用。

一、什么是"采购四象限"

20世纪七八十年代是个对管理学特别重要的年代,很多影响后世的思想工具都在那时候诞生(像 Michael Porter 的五力分析模型,Peter F. Drucker 的管理学说等),其中一个正是"采购四象限"。采购四象限,简单地说,是买方针对风险与价值两件事把所有采购物分为四类,继而采取有计划的手段,得到最佳管理效果。

二、四象限分类方法

(一)定义风险和价值

首先,我们先定义好两件事。

1. 采购风险(Risk)

我们中国人走在在线购物的世界前列,只要打开某宝就什么都能买到。

一般人已慢慢失去了"采购风险"这个概念。随着网购和物流的发达，只要有钱，没有什么是不出门享受不到的。可是，这世上还是有有钱也买不到的东西。也就是说，哪怕你有钱，也是一样要面对一些买不到的风险的

（1）时间性的采购风险

小学生都懂，钱买不到时间。采购的风险很多时候都是时间问题：I need it and I need it now（我需要它，我现在就要），供应停了，生产就停了，销售也停了，就算过两个月就能保证恢复正常也没有用。这不是一般的损失，绝对可以算是一家公司的致命伤。我在恋色巧克力工作时做过永生花（不是假花，各位可以把永生花理解为很漂亮的鲜花标本，原材料是用真花做的）礼盒，如图4-2所示，非常漂亮，很有市场。可是这款产品最后因为供应风险太高而失败。花是大自然的产物，不是所有时候，都有我想要的所有花种，就算有，质量的变化也很大。例如，冬天的玫瑰会比较大和美，但夏季的花就没那么好了。再加上国内生产工艺不成熟，这样的话，我的产品就不能成为常规产品，甚至称不上是产品。

图4-2　永生花礼盒

简单说，如果你的生意是就算有钱也不可能随时买到某些关键原料／服务，而这些原料／服务又是没有替代品的（例如我不能用草来代替花，永生花一定要有花，不然客户不会接受），那么这个风险就非常大了。

（2）定制品采购风险

在香港，很多人买日系品牌的汽车，原因有很多，而其中一个原因是很容易买到零件，相反，更高价的车在这方面倒没有做得更好。听说某高级意大利品牌的汽车零件要数个月才能运到香港来，这意味着车要是坏了，那你有好几个月都不能开车了。以今年的车位租金算，每月五至八千港元的租金加上车不能开的机会成本，这个风险的成本不算低啊！

车的一部分零件是定制品。虽不是说完全为某个人的那台车定制，但必定是为了某个型号的车定制的。作为车厂库存管理策略的一部分，他们不会在各个市场都备上维修部件，放在那里静静等着你车坏那一刻然后派上用场。反之日系车性价比高，买的人多、车坏的人也多，所以值得这样做。日系车维修零件的"采购风险"不高，是好事。

基本上所有OEM都有这个风险。OEM是专门定制生产，其中包括一些独一无二的模具、夹具等生产投资固定成本。也是因为这些成本，大部分的OEM都是单一来源采购。供货商出错了，就会导致买方损失严重。如何降低风险，双方都有的责任。

（3）品质风险

听过一些去东南亚新兴"低成本国家"建厂或采购的人士投诉说，"买个包装盒、螺丝钉都得回广东买"，说那边人力成本虽然低，但产业配套还不成熟。这是一个说明质量风险的好例子，我深信当地一定有包装工厂、螺丝钉工厂，只是质量未达标，所以不能用而已。

2. 价值（Value）

首先，再重申一次，价值（Value）不是价格（Price），那是完全不同的两件事。很贵的东西不代表有价值（某名牌包包对我这个男人来说，只停留在存放物品的功能层面），而有价值的东西却不一定贵（例如某些特别的人送我的某个小纪念品）。在四象限中，这个"价值"（Value）的定义是"此供应品在整个成本结构中占的比例"。用采购的语言说，这叫作"cost driver"（成本动因），是在成本中占比很重的那部分，例如，面包中的面粉、航空业中的汽油、果汁店的水果。

价值是相对的。一个低价的LED灯对一个赠品来说是一个大的成本，但对一个科学机器人玩具来说可能只是一个微不足道的成本。什么叫"低价"？那只是相对而言而已。礼品工厂可能要想尽办法找更便宜的代替品，而科学玩具公司根本不在乎这微不足道的小部件。

好了，搞清楚这两个概念的定义后，我们继续。

（二）对采购清单进行分类

如图4-3所示，我们用两个轴构成一个十字，并分为四个象限。

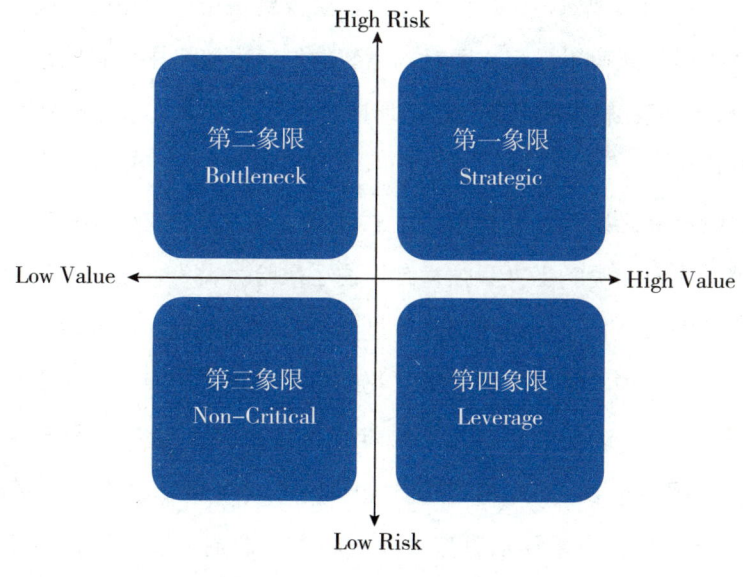

图4-3 四象限

高风险高价值的，叫Strategic。

高风险低价值的，叫Bottleneck。

低风险低价值的，叫 Non-Critical。

低风险高价值的，叫 Leverage。

四个象限分好了，下一步请看回你的采购清单。把你公司要买的所有东西做出一个品类清单来。这个列表跟 BOM（Bill of Material，物料清单）不同。你不需要把每个产品都列出，只需要到品类的层面就够了。也就是我在第一章所说的"Spend by Category"。回到上面永生花的例子，我大概可以这样分：

永生花材

包装材料

这是个非常简单的入门例子。然后，我们试着根据风险和价值的定义把它们分类。包装材料比较简单，绝大部分的包装风险都不高。国内的包装产品工艺已经相当成熟，而且产业发达，要找到性价比合适的包装工厂并不难，这家不做，还有下一家。同时，包装的价值占整个永生花礼品中的比例也不算高，比起花材真的不算什么。所以，我可以简单地把它放入第三象限，Non-Critical。

花材呢？毫无疑问，花材的相对价值高，是主要的成本所在。问题是，花材的风险大不大呢？上文我很肯定地说了风险大，为什么现在又有此一问呢？因为"季节性带来的质量问题"是整个行业的问题。要是我们把质量要求降低，也就是说，要是你能接受"花朵小一点就小一点吧，每次都有点不同也很正常啦！"这样的话，那风险就不一定算是大了。质量普通的花材在市场上是很容易找到的，某宝随时也能买到。所以，这里可以引申一点：质量风险跟品牌的质量要求有直接关系。对中低端品牌来说，很多风险都不是风险。

所以，四象限分析的结果是因不同行业和企业而不同的，但基本上任何一个生意都能做出四象限分析，而且立即能派上用场。

三、四象限个别详细定义

以下我就每一个象限分别解析。

（一）第一象限：Strategic

第一象限的供货商可以说是最难做，但也是最值得做的。一个你没有他就会死的供货商，你怎能不重兵部署？什么情况才算是这种关系呢？我举个经典例子：劳斯莱斯。这个公司除了生产豪车也经营另一个很强大的产业：飞机引擎。英国劳斯莱斯公司是世界第二大的飞机引擎公司（第一是美国GE），你下次可以很不经意地跟别人说我是坐劳斯莱斯出差去的，因为只要你坐飞机，那就很有可能用上了他们家的引擎。只要你是做飞机的，你就必须买飞机引擎，也就无法避免跟他们打交道。可想而知，像波音或是我前东家空客集团那样的飞机制造商有多重视劳斯莱斯公司了。可是反过来，劳斯莱斯就算引擎做得再好，也就只有波音或空客等极少数的飞机制造商才能用得上。像这样的供求关系，容易变成"你中有我，我中有你"的策略性合作伙伴。关系密切吗？超级密切。谁怕谁呢？那就很难说了。电动车中的核心电池，也是同一个道理。特斯拉（Tesla）和松下的关系正在过渡中，特斯拉试图从 Strategic 到 Leverage，引入国产的电池生产商，这也是一个很好的Strategic 案例。

波音、空客的单子不大吗？当然大，但就算手持那么大的单子，供货商也不一定是大家想象中的牛气冲天、高高在上。我相信，在这种策略性供求关系中，双方必定是客客气气、有商有量的，而不是一面倒的。Ben 叔有句金句：采购的力量并不是来自采购量，而是来自选择权。

事实上，对中小企业来说，第一象限的关系往往是以老板与老板之间的个人关系为主导。我听说过某些地区，如潮汕一带，上下游都是家族内的人，关系牢不可破。日本著名的供应链管理也是靠着深厚的上下游关系甚至情谊一起走下去，要么一起死，要么一起发大财。不过日本供应"圈"不仅是第一象限，他们连其他象限的非核心供货商也要抱在一起，就像终身雇用制一样，完全打包。是否有参考性，各位自有看法。

（二）第二象限：Bottleneck

零件往往是用来解释 Bottleneck 的典型例子。零件本身并不贵，但没有这个零件整台车就不能动，而且这是专门为某车系做的定制件，不是随便找一家就能做的。你不能用本田的零件修法拉利的车，就算都是宝马，3 系与 7 系所用的零件也不能互通。之所以叫作 Bottleneck，是因为这东西就像瓶颈一样，很窄小，过不了就是过不了，哪怕前后空间都很大。

可是，除了零件外，我好像没看到更多的例子了。我在网上认真找了多个说四象限的国外网站，也没有找到零件以外，还有什么是属于此象限的，真是奇怪！我自问多年前写关于 Bottleneck 的内容过得去，在此再次引用自己原创的内容到本书来。

有些东西，单价一点都不贵，但是却不易找到替代的供货商，这就跟瓶颈一样，狭小却关键。

早年我在一著名合资五金冲压工厂中负责一个生产量非常大的项目。3 台高速冲压机每天 24 小时、每周 7 天不停运作生产一个用于手机的五金件。客户要求我们提供大量生产数据及模具维护计划书等。当年的我不太明白，心想买你就买了，事儿多！当年的上司也没有提点我一下，虽然不情不愿，但我还是乖乖定时交报告，没想到几年后我做了同样的事。

对于手机来说，一个小小的五金件可以说是微不足道的，可是如果供应停止了那影响就非常严重，试想：

— 客户看到手机品牌的广告（广告成本）。

- 他问了朋友，朋友也说此品牌不错（长期以来的综合努力所以口碑不错）。
- 他去了 3C 店找（品牌付 3C 连锁店高昂上架费）。
- 3C 店员告诉客户此牌子暂时没货。
- 店员告诉客户其实其他品牌也不错的，可以一试。
- 客户买了对手的产品。

"恭喜你"，你的所有努力，成功地为他人作了嫁衣。现在你不会再说那小小的五金件不重要了吧？

以上就是我在 2014 年写的原文。所以单一来源的 OEM 其实是一个很显著的 Bottleneck 的例子。基本上，大部分的 OEM 都是为客户定制，属于一对一的紧密关系。由于模具等初始成本，客户不可能有太多的供货商。除特别重要和风险特大的部件之外，一般也就只有一个供货商。同样，基于合同和市场两个原因，供方也只会且只能把此部件卖给一个卖家。这种一对一的关系，"我不卖，你也没处买货了"和"我不跟你买，你也找不到谁做了"的关系，跟第一象限中的引擎关系十分类似，唯一不同的就是价值。上例中的那个小金属片只是几毛钱，而一台手机是一千多到两千多左右（这不是智能手机，而是当年的 Nokia），这个相对价值，可能只是万分之一。这种高风险、低价值的供求关系，就是 Bottleneck 的好例子。

仔细想想，Bottleneck 真是个好生意。要是有一天工厂因为各种原因加价了，从 6 毛钱到 9 毛钱。对 1000 元的手机来说，增加 3 毛钱的成本真不是什么大事，但对工厂来说，这是 50% 的增幅，是个相当惊人的数字。相比其他象限，Bottleneck 的客户比较有付钱的能力。注意，这不代表供货商比较有议价能力，这是两回事。再仔细想一想，既然 Bottleneck 的生意那么好做了，为什么我们总是听到生意不好做的声音？首先，世上闷声发大财的人很多，要是你发现了一个好做的 Bottleneck 生意，你也会偷偷低调进行，不会大声说给别人听的，所以你是不可能听到的。其次，只要是非 OEM 的 Bottleneck，很快就会有人眼红："这个好做啊！"，不用多久，某宝上就都是这个产品了，那它就会快速从 Bottleneck 跳到第三象限的 Non-Critical 了。因为满大街都有，自然就没有采购风险，而且价值又低。

（三）第三象限：Non-Critical

各位如果有装修经验的话，应该会知道，不算家具家电品类的话，最贵的物料成本是花在瓷砖上。瓷砖出口商的主要客户是零售商和建筑公司，瓷砖就算是最贵的材料，对建筑公司的整个成本来说都不算多，建筑公司最大的成本还是劳动成本。所以瓷砖可以说是低价值低风险的商品，是第三象限的边缘例子。之所以边缘是因为它单在建材中是最高价，乍看之下以为是第四象限，可是没有人会只买建材，不论是 B（建筑公司）还是 C（家装）都会有最贵的劳动成本，所以瓷砖的成本在整个造价中占比较低，所以，你以为它是在 Leverage，其实它是 Non-Critical。

第三象限的经典例子是文具。每个公司都要采购文具，然而每个文具都很便宜（不是说复印机硬件那种，那叫 OA，Office Automation，办公自动化，不算文具），就算全部文具的花费加起来也很低（对一个公司的总开支来说），而且没有风险（笔没了？那就去附近文具店买吧。没文具店？那就别写呗！计算机打字不行吗？）。既无风险，又无价值，想想都惨，可这不代表它没需求，而且这类产品的需求量往往是很大的。我们外贸中很大部分的商品就是在这个象限。在这个象限的供货商有什么结果？客户随手就可以不要你，因为门槛低、选择多。你做的事极其容易，以为自己在赚快钱很聪明，其实活不太久的。有门槛，绝对是一件好事！

这个象限比较好理解，我就不写太多了。我们介绍过四象限后，你应该懂得分辨，你买的（或是卖的，本书是买卖两用的）东西属于哪一象限。业务员了解了自己产品在客户眼中的地位，往往就能解释很多客户的行为。Bottleneck 可以叫价比较进取；Non-Critical 可有可无；Strategic 你中有我。

所以，工厂在客户眼中的地位，其实早就决定好了。决胜早在千里之外。

（四）第四象限：Leverage

要分出是第一还是第四象限，最主要的是问一个问题：出了事，你是否花钱就能解决？

回到上面的例子，要是劳斯莱斯突然不干了（当然这只是个假设案例，不是真的），那么空客能不能维持它的生产线呢？是不是马上找GE，就能做出专供某飞机型号的产品，并且马上就能用来生产呢？要知道，哪怕是整条供应链都一模一样地转移，也不代表新供货商能做出对的产品来，这中间还有挺大的距离。你可能会说，要是花几千万不行，那花几个亿不就可以了吗？有什么事钱解决不了的？要是你真这样想，我只能说幸好你家的钱还未被你败光。先别说真的可能是几亿都解决不了（航空业的风险是人命伤亡，跟钱无关的），就算真能，这采购员就该先被问责。为什么不事前好好策划，而是把压力放在出了事后如何去解决呢？最好的解决问题的办法，就是让问题不要发生。不管怎么说，结论是这种关系必定是第一象限的。

做一个面包，最贵的材料是什么？当然是面粉了。面粉占面包总成本的一大部分，是面包的"Cost Driver"，在面粉上省钱，就是最直接的成本控制。所以，面粉在面包中的价值高吗？高。

那么，买面粉的风险高吗？除非你认定只有某进口品牌的面粉才能用，其他都不行，否则是很容易在市面上买到差不多水平的面粉的。只要把小麦简单加工就成面粉了，而小麦很多人、很多地方都种植。所以，不论是从原材料小麦还是从加工工艺来看，面粉的风险都相当低。更重要的一点是磨坊的设备投入不需要很大，这个门槛不算高。

所以，价值高、风险低的面粉，是第四象限的代表。面包厂是如何看待面粉商的？我个人没有这个行业的经验，但我推测，他们一定是偏向使用大品牌在渠道上比较便宜的 B2B 分销商。要是有几个差不多的品牌，那应该是会选择比较便宜的那家。没错，货比三家就对了。

有趣的是，在我做恋色巧克力时，包材变成了 Leverage。为什么呢？同一个品牌，对永生花礼盒来说包材是第三象限（Non-Critical），而做巧克力时却是第四象限（Leverage）。其实原因很简单，我的一份巧克力礼品的定价在二十元左右，而永生花礼盒却是几十元到几百元都有。包材在这两个品类中所占的比例自然是不同的。对零售价为二十元左右一份的巧克力来说，几块钱的包材占了物料成本的一大部分。这就是所谓的价值是相对的，而不是绝对的。

对待这个象限的供货商该采取什么策略，我会留在下文说。可以肯定的是，各位采购经理请注意了，第四象限是杀价的最好目标！这里杀 1%，比你在其他地方杀 5% 都要更实在。这是个价格高，但又不怕会杀得太过火的象限，好好发挥你谈判的本事吧！

四、策略

分好类后，你应该知道花资源去管理什么了。究竟是风险高的还是价值高的值得花时间管呢？答案是都重要，但管的方法不同。现在我们来看看怎样管才对。

（一）第一象限应对策略

第二象限的策略 A 和 B 在第一象限也是适用的，要不就认命，要不就降低依赖。如果说第二象限选 B 策略是傻瓜，那么第一象限选 A 策略貌似会比较傻（其实都不傻，各企业的情况不一）。因为第一象限除了风险高，价值还高。

第一象限的事，往往不是采购部的事，而是整个公司的事。CEO、老板一般都要亲自上阵。我来说个我另一个前东家的故事。我前东家是某个专业通信市场上仅有的两家供货商（另一家是 M 开头的老牌美国知名通信设备制造商），作为外资企业，我们进入中国市场的策略是找一个拍档。我们认定了一家行业内非常有名的深圳企业（是当年国务院总理到深圳也会去视察的那种级别的企业）。同时，这家企业也是为数不多的拥有我们需要的技术能力的制造商。虽然未到我司的水平，但两方都有意向在数年内一定能达到。看到这，你应该会出现一个"强强联手"的图像。没错，这绝对是一个战略关系。我们固然有非常吸引他们的合作诱因，但他们对我方也非常重要。他们要生产一个采购风险高（没几家能做）、价值高（产品为我方最新一代主力机，全球发售）的产品。你中有我，我中有你。

在双方排除了开设合资公司（joint venture）可能性后，我们选择了加深关系，走得更近。除了一个供应合同外（见第三章），我们还有国内分销合作，与技术研发合同。我也是第一次进入如此复杂的合作关系。我们选择了 A 策略：认命。我们在这段关系上本来没有足够的筹码，但我们有意识地加大投入，玩大一点，事实证明这是有效的。

但我们也不是总是认命的。在这段关系之前，上一代的主力机我们就做得霸气多了。上一代的主力机在欧洲生产，同样的风险，同样的价值，我们选择了一个更彻底的方案：把整家供货商收购了。从买变成自己做是个不错的主意，一劳永逸地解决了风险和依赖。

第一象限的玩法一般都很高级，市面上也不会有太多例子，所以，一个有经验的采购总监是多么重要啊！所以找我当顾问的客户，我一般也会从这个四象限来做分析，这是一个很好的切入点。

我还有一个很有趣的"案例"。故事是一家大企业如何走出一段可怕的第一象限关系，收录在我的商业小说《假装在 500 强》中，有兴趣的朋友可以去我的官网（www.benbeclub.com）找找。

（二）第二象限应对策略

Bottleneck 的主要策略就是一个"稳"字。确保供应稳定，把采购风险降到最低，就是第二象限的关键。我们可以选择承认这个供货商的重要性，然后闭上眼睛，告诉自己："贵点就贵点吧，也不太影响总价。（策略 A）"也可以选择完全不同的策略，想尽办法多找可能的供货商，降低对单一供货商的依赖性（策略 B）。

1. 策略 A：认命

"好吧，不折腾了，就你吧"对 Bottleneck 来说可能是个最佳策略。反正它也影响不大，就用着吧，把精力花在更值得的事情上更聪明。在一些特别的情况下，供应风险可能大到有钱也解决不了。你不止怕供货商不想做，你还怕他工厂开不久，项目开始不久后就要关门大吉！Bottleneck 中，很多人都爱以多做库存为策略，这点我是同意的，但库存只能解决短暂的断层，只能作为过渡，而真正的风险是长期甚至永久性的供应断层，库存是解决不了这个问题的。这种情况其实并不奇怪，我在数家前东家中都分别面对过。多年前我在香港元朗有一个供货商，它是真真正正的制造工厂（对香港来说是不寻常的，就算是在 2001 年），老板是承继父业的兄妹俩，做一个比较独特的、有一定技术含量的产品。也就是说，这个产品找其他工厂做会有比较大的质量风险，大到我方不想去冒这个险。可是，他们工厂实力一般，工艺很单一，对我们的依赖也很高，没什么新客户（我们也不想他有太多客户）。老板们也做得意兴阑珊，常常想回马来西亚过退休生活。要真是这样，我们就面临断层的危机，当时我们采购部便制定了一个长期策略：认定他，支持他，绝不让他倒下。然后，我跟老板坐下来谈，问他们车间的闲置情形。了解过他们的核心工人能力和时间等情况后，我决定帮他们增加一门生意：包装。我老东家在全球各大市场都很活跃，但每个市场的产品需求都不同。包装要依据本地法规调整，也就是说，每个市场都得自行处理本地的包装，总部只供应一个原始产品（Bulk Product）。这种"本地化"的动作，过去都是在我们仓库用自己的员工做。在旺季时，加班加到仓库员工都要辞职了。显然，这是一个不错的机会！

细节不说了。就这样，我差不多成了这个工厂的顾问和业务员，把老东家的包装项目外包搞起来了。同事加班少了，供货商生意也多了，做得下去了，采购员也得到了职业生涯初期的一次满足感，皆大欢喜。

2. 策略B：降低依赖性

要是我知道这是一个我要买一辈子的产品，那么这个策略一定是我的选择。上面说的策略A，可以叫作怀柔政策，虽然降低了风险，但最后决定权还是在人家手上。要是我对项目前景不明，可能一段时间后不做了，那么对这样的供货商，忍一忍就算了；要是这是一个已知的长期项目，如前文所说是像中成药业那种很长远的供求合作关系的话，那么我倒是希望能一劳永逸地把这个风险完全去掉。怎么做呢？我首先会想，风险从哪来的？要怎样做才能消除这个风险。用回上面永生花的案例，那个产品的风险是个质量风险，那么该着手的方向可能就是：

— 是不是我们可以接受较低质量的产品，以换取较低的风险？

— 有没有一套方法，可以让更多本来不合格的一般供货商做到我方要求的合格水平？

没错，两个都不是好选择，各有各的坏。第一个是跟品牌有关，质量好坏直接影响品牌形象。第二个属于供货商培养+自身产品改革的范畴，投入大，操作不易，要自己先把做出好质量产品的方法弄清楚，然后还要制定出一套能让更多供货商学懂的教材，又或者是把产品变得简单，用简化产品来降低对单一供货商的依赖，这是个大工程，成本高！没错，事实摆在眼前，这两个都不是好的选择，不如乖乖听话，用以上的认命策略算了。

这里没有对错,只有选择。我之所以说要是这是一个一辈子的需求就值得去做,就是因为这是个很大的取舍和投入。要是这只是个几年的项目,就无所谓了。这个例子,要不就是花大价钱设计出个教材、方法,要不就接受品牌降格(其实这个不是一定的,质量不一定跟品牌挂钩),要不你就要接受 Bottleneck 的风险永远都存在这个事实。生意从来都是一个取舍。

所以,A 和 B 都是可行的策略。只要能"稳",怎么做都行,看你怎么选择了。其实,这不就是商业的有趣之处吗?

(三)第三象限应对策略

office depot 是美国最大的文具直供店。他们有企业方案,企业客户直接跟 office depot 采购全公司的文具,统一月结,专人服务。比起公司行政部门小弟小妹每次都跑去附近文具店买这些微不足道的文具,office depot 这种服务在 20 世纪末时确实是创新。企业这样做是合理的,因为方便省事。文具这玩意,跟谁买不好?有人一站式服务了,而且还能月结,能让小弟小妹少跑点,多点时间做其他的事,那当然是最好的。这种采购只要是个正常人都懂,不需要什么采购知识,越简单越好。从会计角度来说,记账也没有必要像"3 月 5 日王 ×× 同事买了一支 4 元的笔"这样详细。往往都是一个大类目如"三月文具费用 500 元",包括所有笔、活页夹、油墨等。这些小事,谁都不想花时间深究。

看到了吗?"方便"是针对采购第三象限产品最重要的 KPI。如果买支圆珠笔也要走 ERP 然后发票等正规流程,那就太奇怪了。采购是有内部成本的行为,文具还好,想一想要是正式的 B2B 工厂采购,走一次第三章所说的流程、询价、验厂……为的就是一个微不足道的小产品,值吗?世上有一种公司,可以理解为 B2B 的 office depot,专门帮企业客户管理小批量采购的。比较有名的如美国的 threesixty sourcing,类似客户的采购办,大概就是做这种生意的。EDI（electronic data exchange）也是一个好方法，跟供货商定出一个长期合作的方案，双方的 ERP 接好口，把采购行政成本降到最低。

第三象限也是初入行的采购小弟小妹练手的好地方。温顺而没太多选择权的供货商，谈崩了一家还可以随时找到新供货商，最适合作为新手练手的好地方。

我做了图 4-4，总结一下这四个象限的针对性策略。

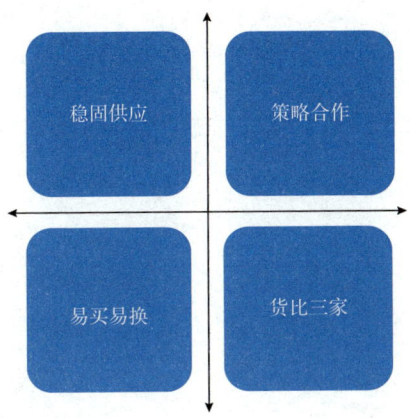

图 4-4　四象限对应的采购策略

（四）第四象限应对策略

此时不杀价，更待何时！第三象限是"简"，第二象限是"稳"，第一象限是"深"，第四象限是"杀"！

对待这个象限，要用上所有能用上的谈判技巧，把目标定高。"80% 的成本控制来自第四象限"也不是没可能的。在这里省 1%，省下来的钱可能等于你在其他地方省下来的钱的总数也说不定。详细的做法没什么好说，一般的采购员都懂。我只想提醒领导们：把目标定高。

> **小 结**
>
> 　　完成了以上的三个大步骤后,你应该已经能正确地判断如何管理你的整个供应网了。要是用得好,不用很久,一两年内必有成效。整体引用四象限的正面结果不只是省钱,而是可以获得一个更稳健更长远的生意。

第五章 供货商管理实务

CHAPTER FIVE

第四章是策略，第五章是实务操作。不过话虽如此，我在写这两章时总觉得难以分开，就像骨肉相连一样，我只能尽力分开。本章聚焦实际的操作，例如，如何找供货商、哪里找、怎么聊；找到了以后，如何看厂。我从未在任何书中见过教人看厂的内容，这可能是唯一的了。此外，本章也包括如何审核供货商的内容。

　　第五章的目标是希望能以指导性的方法帮助新手采购员进行日常采购工作。本章内容可单独跳过之前的章节来看。

一线采购员：如何寻找供货商

这一节内容比较多，我相信有些读者会冲着这一节来购买此书。在"与供货商初次接触"这件事上，最大的一个分类法应该是"主动"与"被动"。在企业有需求，企业的 AVL 中又没有能用得上的供货商时，采购员就该主动出击找供货商了，这是"主动"；此外，也会有不少供货商主动找上门，这就是"被动"。两种都是有效的接触新供货商的手段。此部分我们重点会落在"主动"上。我会总结利用展会、平台与搜索引擎找供货商的一些经验，也会说一下"被开发"时我的处理方法，供大家参考。

各位读者朋友注意，这个"主动""被动"的定义，跟我平时常说的业务员开发客户是完全不同的。举例来说，平台发布信息对于采购员来说是主动找供货商的行为，反过来对业务员来说却是一个被动行为。同一件事，立场不同而已。

一、展会

说真的，当我是大买家时，我几乎不逛展会。最主要的原因是大买家一般都已经有很强大的供货商班底，大部分的采购需求都能在现有的供货商中得到满足了，根本不用找。第二个原因是大买家也常常被开发，很多工厂会主动找上门。所以，不太有必要看展会。但我当领导时，却认为前线的同事一年必须看一次展，不用多也不用少。正如我在另一节说的话，就算拥有很稳定的供货商基础，也应该睁开眼睛，对世界保持了解和开放。

国际贸易相关的展会，大致上可以分两类：普通展与专业展。按历史发展顺序，最初出现在中国的展会是中国进出口商品交易会（简称"广交会"）。在那个完全没有在线贸易的年代，大而全的广交会真是占据了中外贸易的半边天。后来经过长时间的展会行业内的竞争与创新，慢慢出现了类似环球资源电子展那样的专业展，更有效、更有针对性地吸引和服务那些行业的客户，也把一部分的展会流量成功分流了。

有两种买家利用展会找供货商特别有效率：一是行业小买家看行业展；二是小进口商来找平价货或者新货。行业小买家除了能在行业展中找到好货好价外，还能了解行业近况。有些小买家只在行业内活跃了数年，对行业供应圈并不够了解，认识的人也不多，参加展会是个改善这一情况的好契机。至于一般贸易的小进口商，比较适合逛类似广交会那样的展会。虽然有人抱怨说参加这种普通展的有很多都是中间商，但对于小进口商来说，能一次找到好几个行业的供货商，满足进口商拼柜，量少种类多的需求，还是相当有价值的。

作为行业中人，不论你是买家还是卖家，我很建议大家要清楚一年中有什么展会跟你有关系的。这件事不难，只要花点时间在网上找一下就有。然后是打听一下每个展的特征，找出有哪个是值得你去的。举例来说，要是我只打算看电子产品的展会，那我应该不会选择去广交会一类的普通展而选择电子展（当然，这两个展每年都是四月和十月举办两次，也能同时安排，看买家自己的时间了）。出差看展的预算不高的话，只能选一到两个。选定以后就在展会的官网上报名吧，相当容易。有些展会是有入场费的，但如果是专业行业买家提出报名，那就不用钱了。在线报名也方便进场，我很怕要大排长龙，花上一个多小时才能成功进入展会。要好好利用自己是专业买家这个好身份，避免跟大众人群同时入场。有些展会会把同一个展览分为专业与公众两部分，第一天只对业内人士开放，之后是对公众开放。这种情况请务必在专业的时段入场,不然你可能会很累。我的这个感受来自下面的一次经验。我在日本的一个食品展上找过巧克力。第一天到展会入场时已是下午3点多了,能看能聊的时间不多。我心想:没关系,展会要延续好几天,明天再进去就是了。可第二天是对公众开放,此时我吓了一跳,观展人数是第一天的N倍,幸好第一天办了入场证,不然可能真要一小时以上才能入场。参展商也没有时间跟我聊,总是匆匆忙忙的,无法把话聊透彻,相当可惜了。

站在买方的立场来看的话,除了普通展与专业展的区别外,买家自身的动机与行为也是一个好的分类。有订单和没订单,看展时的做法是有分别的。带着订单任务的买家,都有一定的压力。

有单的买家又分为两种:一类是很清楚自己要什么的买家,另一类是"我知道我要买一个整柜的东西,但具体买什么未定"。前者是纯粹执行采购任务的人。项目团队已经定好了我方需要什么样的产品或部件,连大致的规格都选好了,采购员是拿着规格书去找供货商聊细节的,权限很有限,这类买家数量不多。后者呢,一般是进口商小买家,有很大一部分应该是老板。这类买家有一个共通点,就是权限很大,大到公司完全信任他,他的眼光很好,找的东西都能卖出去。某些行业(例如时尚行业)有特别多这种买手。这种模式也适合特别小的公司。也是因为这样,越来越多普通展的参展商说客户都是些小公司,只有小订单,也不无道理。(老业务员请接受吧,碎片订单已经是常态,别再怀念200X年的美好光景了!)

那没单的买家又来干什么呢?没事就不能来逛展会了吗?我今天没单,不代表我没需求。一年才一次展会,需求时机怎会那么碰巧地跟展会时点重合呢?我大胆估计,来展会的买家中,有九成都没有订单,也没有所谓的现场下单。但没有订单不代表他不重要。当买家没单也来看展时,代表他是一个潜在客户,只要时机对了,随时都有单来。

我个人非常反对现场下单这件事。你可能说我方时间不够了,项目来得很急没办法。好吧,不过要是这样你就要面对一个风险了:未充分了解一个供货商就把单下了，然后出了什么问题的话，怎么说都是采购员的责任。要是我是老板，那我一定会质问你，是什么原因导致我们平时供货商储备不充分。小公司还情有可原，大一点的、有独立采购部的公司不该出现这样的情况。人在着急时很容易做错决定，能避免忙中生错都该避免。有个别展商会在展会中做促销，目标也是想让你快点现场下单。这就要采购人员去决定是否值得一试了。

拍照，这是值得一提的一个问题。不少展商见到华人面孔的买家都会产生防范心，然后当他们拿起手机准备拍照时就更像见到洪水猛兽一样反应强烈。好吧，我可以理解中国的"模仿"情况，但这事非常让人不高兴，"要是这样你还不如别参展了"——我是这样想的。同时，我也觉得买家们也有一定的责任。这码事跟看厂一样，"让你看"和"让你拍"是两件不同的事。除非我看到很多人都在拍，厂方也没有拒绝，不然我都会选择不拍照，改拿目录。真的，真的要拍的话，我会征求许可。但一般征求许可了就得给参展商名片和说明原因，不然就太不公平，也不够尊重对方了。

对于交换名片这件事情我的心态发生过改变。最初我拿着大企业的采购名片在手，觉得非常有面子，只要是谈了一下的展位，我都会留下名片。后来我发现这事是弊大于利。大量无关的开发信不断涌来，此外，我还会收到莫名其妙的电话，推销各种外贸服务。那时我就知道原来买家名片是有人在卖的。自此之后我就变得小心了，能不给名片的都不给。但参展商每次都会想尽办法跟我要名片，这是考核业务员参展效果的关键啊。总说自己刚用完名片也不是办法，后来我就带上了另一张名片，名字还是真的，但邮箱写上了像Gmail那样的免费邮箱，不用工作的邮箱。这样确确实实减少了不少麻烦。除非是遇到真的觉得要发展下去的供货商，我才把工作的名片拿出来。所以，我去展会是带上两张名片的，我将其叫作"二刀流"！

展会是买家唯一一次能面对面地、手拿样板与供货商直接沟通的绝好机会，必须把握好！

二、平台

需求往往来得很急，而展会一年只有一到两次。日常的突发采购需求是不能依赖展会的。24 小时在线、应有尽有的 B2B 平台是个非常好的选择。

我已记不清用的第一个平台是阿里巴巴还是环球资源，还是香港贸易发展局（HKTDC）了，反正把平台在全球范围内普及的应该是阿里巴巴。平台的最大好处是"快、多"。大部分的已有品类都能在平台上快速找到供货商。平台也是采购人员快速了解一个产品的好地方。在我开办采购顾问公司时（大概是 2013、2014 年左右），有一次我受托找一个我不熟悉的产品：电子卷标。在对这个产品没有基本概念的情况下，我在平台搜了一下这个关键词，很快我就找到好多家说明得很清晰的供货商了。在"找到产品信息"这件事上，平台对采购人员而言是非常友好的。

然而，接下来就不是那么顺利了。我发现，平台上供货商的回复都不是很好。发出去的询盘，一两天内能回复的可以说是少之又少。是的，我一两天也等不了！很多时候我们不能只等待供货商回复，而是要主动出击去联络他们。怎样联络？这就痛苦了。等一下我会说一个可怜的实单买家的故事，现在先说回平台。平台系统内的沟通功能并不友好。我知道平台已经花了很大的力气优化这一部分，但我仍然不喜欢在平台的系统内跟供货商沟通。原因有几个：

— 公司有要求，所有跟工作有关的电邮都要在公司的系统内完成。大公司都有这个要求，我也认为它相当合理。这规矩是反腐败的一个手段。请问有什么是你要在公司监控之外跟供货商聊的呢？难道你们有什么猫腻吗？所以，我非常支持这个政策。

— 回复慢。我的经验是，供货商不常常看平台的邮箱，这导致我需要把需求直接发送到他们的工作邮箱,又或者是打电话(平台有时会有供货商的电话)去催他们。这样的话,系统内沟通就形同虚设了。

– 在第三方的平台上说公司的商业机密,这样并不专业。这点跟第一点不一样,它跟腐败无关。举个极端例子:要是平台被黑客黑了,那么我正要做的高度机密项目有可能就曝光了。这事儿不怪平台,但我却受害了,所以这点也是我考虑的因素。我所在公司难道就不会被黑客黑吗?一样会!但那是我自己运气不好。"死"在自己公司手里,虽死无憾。

有采购员说平台有太多中间商了,不想被骗。那么请问哪里才没有中间商?哪里都有!要是你真的很需要避开中间商(我个人并不反感有价值的中间商存在),那么你自己要有慧眼了。平台,跟其他所有的渠道一样,只是提供一个匹配机会,成不成功还是要看你的采购能力。

三、搜索引擎(Search Engine)

搜索引擎这一招我并不常用。我再说一段我的经历:某次我要找生产压注部件的 OEM 厂。本来压注厂是非常多的,但我要找的是某种特殊的工艺,能用比较不常见的金属去成型。那么我就很难分辨平台上的供货商究竟能不能做了(要是我问他们的话,他们全部都会说自己一定能做的)。如果我在平台上一个一个地问、一个一个地去了解他们是否能做这个工艺,那么沟通成本是非常高的。前线的业务员可能连听都未听过这个工艺,但又不想失去一个机会,所以,他们会千方百计拖着我。聪明的采购员 Ben 叔是不会浪费这样的时间的。

所以,我用了谷歌(Google)去搜这个工艺的关键词。如我所料,并没法直接搜出供货商。可是我找到了一些关于这个工艺的文章或视频。顺着找下去,我找到了这些写帖的人,以及与他们相关的公司。这很合理,因为大家都知道什么叫内容营销,花时间写东西的人,很大一部分(并非全部，显然有不少人还是单纯因为爱分享）都是带着商业目的。这很好，相当好。用同样的思路，我在百度用中文就能找出懂行的人，以及其背后的公司。

众所周知，在中国是要用百度而不是Google的。思路虽然一样，但关键词必须使用中文。不是所有工艺都有译文的，就算有，采购员也不一定懂这个工艺的中文。所以这个能力变成了身为中国人的我比老外采购员更有竞争力的一个优势。用对了关键词，那搜索结果中就有可能出现一些行业论坛。要是更幸运，有供货商在自己的官网上加上这个小众关键词，那我就能直接找到工厂了。

这里有一个很值得平台老板们反思的点：采购员什么时候要找新供货商？换句话说：买家的需求点是什么？我的答案是：一、新产品；二、日常压价。站在业务员（也就是平台的客户）的立场上，后者的询盘只会永远都在压价，什么都是"you are too expensive"（你的产品太贵了）。真正质量好的询盘是前者。新产品采购，比较能接受高一点的价格，不会什么都以价为先。可是，新产品开发的需求中，很大一部分采购员都是找"工艺"多于"成品"的。工艺在平台上是没办法找到的。比如说你去平台搜"injection moulding"（注塑成型），它只会弹出一堆卖机器的厂家，而不是能报OEM价的加工厂。正因如此，我才要用上百度，一波三折地找工厂。各平台老板们，要是能有针对性地改善这一点，那么贵平台一定能突围而出。

四、平台、搜索引擎找供货商的劣势

平台与搜索引擎都是有效的好渠道，但同时都面临一个问题：急起来找不到人。以下我来说说几个非常非常让人生气的经历，给大家借鉴。采购员读了希望能有心理准备，知道遇到这样的情况时该怎样处理；业务员请千万要注意，以此为戒，不要再犯同样的错。

（一）找不到人

平台上留言你不回复就算了，还没有留电话，有急事我怎样找你？好了，有电话了，打过去又没人听；有人听了，听的人说，"我不是卖东西那个人，她在做饭呢等下回你！"买家找供货商其实绝对没有你想的那么容易。单是找到个真人来聊已经不容易。

找不到一家，肯定马上去找另一个了。

（二）气死人的前台

我有一段非常深刻的经历：供货商在平台上留了手机号码，Ben叔大喜过望马上打过去，结果没人接。我心中无限郁结，但由于报价太少了我还是要找他报价。所以我在百度找到他们的官网，并找到他们的主机电话。灾难，也是从这一刻开始的……

"你好，我想找一下业务部张经理。"
"你是哪位？"
"××××（英文名，我当年所在的美国公司没有中文名）。"
"你说啥？"（前台小妹明显是念不出那个英文。）
"反正我们是家美国公司就对了。张经理在吗？急事！"
"你找他有什么事？"（她可能已经把我当成是推销某种东西的推销员了。）
"我找他报价！你们公司电话不接，人又找不到，到底还做不做生意？"（我承认，我从来都不是好脾气，年少气盛的500强企业采购员，你应该可以理解我当时的心态吧？）

接下来，前台小妹一句话都没说把电话扔给另一个女的，我估计是她的同事。

"喂？你哪里？"（我已经不想再重复说一次了。以你们的聪明才智，我要说多少次你才明白我只是想要个报价而已？）

"我找你们张总，他在不在？不在就算了。"

"他没在，你是卖什么的？把资料发来就行了。"

我立马挂了线（微笑）。

你们可能觉得，Ben叔，为什么你不说英文啊？说英文才是客户啊！那我再说一个故事。

"Hi，can I speak to Mr. Chan?"

"hello?"

"Hi，Can I speak to Mr. Chan?"又说一次。

"Who…Mr. Chan?"

前台根本不懂英文。后来我了解到，有不少小工厂，别说前台了，连外贸业务员都不怎么懂英文。他们只是打算在平台上试试能不能找到国外客户，不让他们的中间商多赚一层而已。愿景是美好的，能力是没有的。错的，是客户我，为什么我要去找他们呢？

无意冒犯，但我相信因为前台而失去的订单，不在少数。"如何跳过看门的？"居然成为采购员要考虑的事，这是多么可悲的事实。

后来，有了像微信那样的社交软件后，情况好一点了。不过，实时回复还是个问题，没有方法解决。

（三）不回复的官网"Contact us"

我不知道是供货商的建站服务商故意设计的，还是培训老师教的，有很多的供货商官网都爱让客户填上"contact us"（联系我们）。而且这个问题好像不是中国特有，国外很多公司也是这样。

他们的依据是什么我不知道，可能是大家都这样做，所以他们也做，也可能是某种大数据分析得出的结论。反正，我对这个东西都是反感的，体验很不好。一个原因是回复率比平台还要差，大部分都在一星期或者大半个月后才回复。另一个更重要的原因是我除了文字之外，无法在那个"contact us"中附加任何照片、文档。我举个例子：要是我想拿上照片问供货商能不能做类似的东西，那么通过这个"contact us"我就要分两个步骤来做。第一步给供货商留下联系方式，第二步等供货商有空联系我后，我再把照片发给他。

也有供货商的网站要求留联系电话。我在香港还好，没有时差和语言问题。可老外呢？人家会不介意留电话吗？

留社交软件的联系方式呢？比电话好多了。可是，究竟是要留WeChat、Line、还是Whatsapp？每个国家都有自己惯用的社交软件，没有一个硬性标准。难道你想让客户下载一个微信跟你聊？然后，顺便也跟你的其他对手聊聊吗？

我的建议，建站时把这些没用的功能省掉，省点钱之余，对买家更友好。直接写上工作电邮地址即可。

（四）抢单的业务员

以上的问题都解决了之后，最后一关来了：业务员间的竞争。我有过这么一段经历：在平台，供货商的业务员A跟我聊上了，然后我就等A报价。过几天我追报价时，找不到A，却找到了B。B好像很清楚我的情况，我也没多问A去了哪里，然后就跟B聊上了，追他要报价。然后，B报好价了，进入了等待我回复的阶段。这时A又出现了，他好像不知道有B的存在，又来报价了。

两个人的价格是差不多的，单就这次来说，问题是不大。但要是演变为以下情况呢？

- A 突然报个低价，比 B 更低。
- A 要是服务得比 B 好，是个更理想的对接人员呢？
- 要是 A 和 B 的价格差距很大，大到不合理呢？
- A 和 B 其实是同一人？这个心机不简单……

以上都不是好的情况。别以为第一种情况很好。要是你快要下单了，A 又失踪了呢？他的公司说从来没报过 B 给出的低价，这种离奇的情况是会发生的！你满心以为捡到便宜了，事实上这种供货商是没诚信可言的。那些"同事刚好辞职了""我是他的经理以后就由我来跟进了"等说辞，就算多合理，多好听，换人对我来说也是麻烦事。各种"前言不搭后语""新人事新规矩，旧报价不承认"等事件都是会发生的。

看到这里，我相信很多读者会感慨，原来找供货商要个报价也那么难的。其实以上四点都是老外所谓的"availability"（可用性）。这一点甚至可以说是成为一个好供货商的第一前提。就算你报价再低，找不到对的人，也是没用的。

且行且珍惜……

五、报价

（一）RFI 与 RFQ

千辛万苦找到要找的人后，再来就是问价询盘了。询盘的精髓来来去去都是那样，跟我们在市场买菜是差不多的：

"菜咋卖？"

"× 元一斤，你要多少？"

"来两斤吧。"

只是，你买的不是菜，而是一个比较复杂的东西，而且也不是问完价就可以成交。这时，RFQ（Request For Quotation，报价请求）、RFI（Request For Information，信息邀请书）等工具就变得有意义了。

（二）RFQ 的好处与重要性

"你好，我想找你们帮忙报个价，我们想把你们这个×××放入我们品牌内。"

"好的，你们有什么需求？"（让人难受的开放式问题！）

"我发个 RFQ 给你看看吧，都写在里面了。你们的邮箱是什么？"

以上对话呈现的是一个很普通的询盘过程，做一次只花几分钟，很简单。那么，如果做一百次呢？还有，如果没有 RFQ 呢？再者，如果供货商看不懂 RFQ 呢？

来一个个回答吧。第一个问题，做一百次那就不是一个正常人能接受的工作量了。但比较报价的话必须有足够的基数，而且还要在有限的时间内得到回复。要知道，发出一百个 RFQ，回复是"符合条件又在限时内的"往往只有少于三分之一，数目少得惊人。所以，别说做一百次，再多也是有可能有需要的。所以在做大型采购项目时，高效率的 RFQ 变得很有必要。

第二个问题，要是没有 RFQ 呢？那你得一个一个回答他们的开放性问题。单是解释你是谁，你要什么已经相当费劲了。沟通是你的表达力和对方的理解力的总和，不要高估对方，也不要觉得自己一定表达得很清楚。有像 RFQ 这样的文件，把己方的要求清晰地表达，会省下你很多的时间。

第三个问题，我的亲身体验是，不管你的 RFQ 做得多仔细，总会有部分供货商说看不懂。"伸手党"有很多，"伸手"是他们在大学已经养成的习惯，他们觉得客户最好派个专人在他旁边解释需求。RFQ 文件他们一句都看不懂，然后就来"请教"客户了。年轻时对这种供货商我就直接不理,直接当这个供货商不报价了。但后来经验多了,我会多花一点时间检讨一下有多少供货商提出问题,会不会是我的 RFQ 写得不够清楚。因为,沟通是两方面的事,不能只怪供货商,可能是我写得太复杂,太多自家内部术语等。要是大部分供货商都没问题,那基本上可以不理"伸手党"了。

对大公司来说,使用 RFQ 还不止是为了方便沟通,更是为了满足 documentation(证明文件)这个规定。基于任何意想不到的原因,大企业可能有必要回看数年前的某个项目,分析当年是因为什么原因而最终选择了某个不好的供货商。此时 RFQ 文件与结果就是一个好的参考。举一个更实在的例子:香港地铁沙中线(沙田至中环一段)发生了疑似偷工减料事故,香港特区政府要求香港地铁公司进行调查。这样的情况,RFI 和 RFQ 文件都一定在调查的范围内。要是没有公平、公开、公正的 RFQ 和流程,那么当时的采购经理可能就会有专业失德的风险了。对大公司的采购员来说,询价是一个合理且必须的流程。

RFI 和 RFQ 是投标的标书吗?Ben 叔不敢说是,也不敢说不是,但我认为没太大分别。公务或工程项目比较爱用标书这个字眼,而我熟悉的轻工业比较会用 RFQ。

(三)RFI 与 RFQ 的分别

Request for Information(RFI)跟 Request for Quotation(RFQ)的最大差别在于想要的数据是什么。RFQ 只要价,而 RFI 就可以包括很大的范围。你也可以理解为"只要价格时用 RFQ,要供货商填问卷时用 RFI"。事实上,除非特大项目,我一般不太用正规的 RFI。主要原因是中国供货商很多都不会填写,到头来烦到的还是采购员,所以就算了。

打开网络,有无数网站在说以上两个术语的区别问题,但没有任何一个帖子会教你写 RFI 的内容,实在可惜。在这里我就举一个有趣的例子。最近我女儿很喜欢小猫咪，就用这个来做案例吧！

假设我们一家要去旅游了，家中的小猫不能出门所以需要送去宠物酒店照顾。我们一年去 N 次旅行，所以我知道自己是常客也是大客。因此，我做了以下的 RFI 发给各宠物酒店：

— 基础数据（酒店名字，地址）；
— 酒店环境（大吗？有没有好玩的设备给小猫玩？有没有单独房间不然我怕小猫会被欺负？）；
— 饮食条件（有固定猫粮品牌吗？会不会吃太多或太少？）；
— 不良经历申报（有没有猫咪在酒店受过伤甚至死亡？）；
— 专业条件（有没有常驻兽医？美容师？）；
— WOW（这个很特别，有没有什么是酒店方应该告诉我的惊喜？）。

以上的 RFI，现实中估计会吓坏酒店老板。有采购思维的猫主人毕竟不多，他们可以放心。通过案例我只是想让大家感受一下 RFI 的内容。RFI 中基本上都是围绕着我所希望得到的核心价值而提出的相关问题。值得一提的是，RFI 可能会有保密相关的部分条款，大家看看是否有需要加入。你可以想象要是你家要装修了，RFI 就得描述你家的情况，有多大，等等，而你不一定想这些资料外流，特别是名人的家。所以 RFI 中有保密条款是合理的。

RFQ 就简单多了，就一句："标间（或最便宜）一晚多少钱？"人家报回来的也只会是数字，你能比较的，也就是几家供货商不同的价钱而已。

现在，你理解两者的区别没有？

（四）自动与手动的 RFQ

在十多年前，已经有公司开发软件，着手解决 RFQ 这个工作量大的流程。到今天，"e-RFQ" "e-Sourcing" 已经成为一众平台、ERP、CRM 等互联网公司的囊中之物。我认为这是合理的，因为单独的"e-RFQ"存在并不合理。它必须有一个巨大的供货商数据库（平台），以及连接项目和公司经营管理的软件（ERP等），才算是合格的系统。

在采购科技领域，我认为我所知不算多，就不多作说明了。事实上，到了今天，我还是觉得一个Excel表能解决的事情就没必要用那么多系统。要是你要比较二十家供货商针对五个产品型号所作的报价，Excel就够了，它可以做很多分析。让连问题都未搞懂的新供货商学习利用你家系统的表格，把报价填上去，我已经不敢想象这中间有多大的沟通成本了。或许对一些在AVL中的、常常会报价的供货商，而且采购项目特大的情况下，使用系统会比较合理，否则强行让所有供货商，每次都用这些系统报价，不一定是聪明之举。

（五）怎么分析RFQ中的数据

这个问题其实就是怎样选择供货商。用个接地气的说法：

— 把太好和太差的报价直接踢走；
— 在中间这批报价中选出最可靠的top 5；
— 看厂；
— 选出供货商。

我只能说，这是我的经验之谈。什么叫最可靠？当然不止看价格了。以上只是我尝试用最简单的方法告诉大家分析RFQ中数据的步骤而已。处理RFQ的方法可以合并成为供货商评分表（supplier selection matrix）的一部分。例如，你可以给提供最好价格那一家供货商打五分，第二的那家打四分，以此类推……其他的因素如质量系统、工艺等以自己的标准一一评分，用这个比较表和有理有据的方式选出你要的供货商。这样做，公平、公开、公正，不错。

现实是，大部分情况中采购员都不是这样选供货商的。各部门都会有自己的看法，谁都想做决定，RFQ 只能提供一个价格做参考而已。

找到人，问到价了，除非你在国外没办法，否则的话是不是看看厂、见见面，才能安心下单呢？下一节我会谈一谈"看厂"这一个采购专家的独门绝学。

Ben 叔去看厂

"一家工厂的实力如何，走一趟车间大概都能一清二楚了"。懂行的采购员，甚至能够通过车间的蛛丝马迹看出很多不可思议的细节，简直像是福尔摩斯小说的情节一样。工人的熟练度，加班记录，仓库的存货，在等出货的车辆大小、数量，机械的品牌……随后是看品管部，看抽验记录，了解一下他们收货的标准，看看检测设备，问问为什么收这件货而退另一件……通过这些事情大概可以了解到这家工厂的底线在哪里。

我承认看厂需要一套过硬的技能，硬到我怀疑是不是该在本书内分享。老外或买家来访的目的主要有二：商业谈判（Business Discussion）、实地考察（Factory Tour）。我大概从这两个角度粗略说一说。

一、商业谈判（Business Discussion）

一来到工厂，客户很少直接前往车间（除非真的很着急），而是会先来热身一下：在会议室坐一坐，喝个咖啡，看看陈列的样品之类。这时候大家适合聊一些轻松的话题。什么是轻松、破冰又安全的话题？嗯，没错，就是万年开场白：天气。"我们这边很少像今天这样下大雨的啊。""你们那边现在冷吗？"之类无聊得要哭的话题，可这恰好就是适合各种文化、各种关系的开场白。问问他酒店、行程之类也行，但不要太直接问他下一家要去哪里，跟谁见面了之类的事情，这样很容易被理解成质问，引人反感。

接下来应该是双方的自我介绍。一般都是工厂方做介绍为主，但正规一点来说，双方都该做。反正我第一次去见供货商时，是会主动做 PPT 介绍我方企业的，哪怕他们早就听过我公司的名字。这不止是一种礼貌，更是实际需要。我发现供货商其实不一定真的懂你。在用 PPT 介绍的过程中，你可以好好营销一下你的公司，让工厂更了解你的采购力，其实还是有必要的。

到工厂介绍了。这一部分往往很多企业都做不好。据我了解，很多外贸人是没有做"企业介绍 PPT"这个习惯的。不止不懂做，更不知道要做这个东西！我建议各位业务员，好好做一份拿得出手的企业介绍 PPT，把它演练得滚瓜烂熟，每次有客户来就介绍一次。我敢肯定，你的客户会对你们公司有更深刻的印象。

双方介绍完毕后，一般就是买家表演的时间了。买方会针对他们所关心的问题进行讨论。新项目报价、杀价、质量问题等都有机会聊到。商业谈判的时刻是珍贵的，买卖双方都应尽量把心中的问题聊个明白，毕竟大家平时不会有那么好的面对面聊天的机会。要是真的没有问题聊，采购员应该做一个采购人员考核指标的检讨。平时有没有做功课，就在这个时间看出来了。要是所有问题都聊完了，那就看车间去吧。

二、实地考察（Factory Tour）

供货商厂内每一个位置都意味着一些信号，随处可见，很容易看到，就怕采购员不够细心。在书中我试举一些例子大家就明白了。

（一）看厂要看什么

1. 看机器

我会驻足盯着一个生产中的机器看一段时间，有时甚至计起时来。我看的是机器转一圈的时间。简单说，是一个部件要多久才能生产出来，或者反过来说，一分钟能出多少件这样的部件。这个数字，大致上可以理解为加工成本的一部分。如果做同一个部件，A厂比B厂快30%，大致上可以理解为A厂的成本比B厂低8%到15%左右。我们在第一章说过"Open-book costing Approach"，那么加工成本在该部件的成本中所占的比例应该是一个在报价中可看到的固定的数值，30%到60%不等（真的是很粗略的估计，各行业差距很大）。这样推算，就很容易知道这个机器的效率与成本的关系了。

2. 看仓库

有时我想，要是我是工厂老板，我会想尽办法不让客户来看我的成品仓。为什么？因为它很敏感。究竟是让他看到很多货好，还是没有很多货好呢？"不小心"让他看到我们做某个品牌好吗？这些问题都没有答案，完全因人而异！你以为让他看到你在做大品牌的货好吗？其实那是他的竞争对手。你以为让他看到你有很多货在车间就代表你们有很多客户、生意很好吗？其实他觉得你库存管理不善。所以，能不让他看尽量不让他看。

我常常都会"不经意"地要求看仓库。"仓库在这边吗？我们去看看？"一般来说这个要求都不会被拒绝。要是有老外和我一起看厂，我会让老外去问，因为供货商一般都不会拒绝老外（这相当不好！）。看看什么货最多、有没有哪种货是特别多的、包装上有没有什么奇异的文字、是不是卖去某国市场。这些蛛丝马迹，都代表了他们工厂的生意状态，都可以成为你们的话题，便于你更深入了解你的供货商！

3. 聊工人

这真的是我作为中国采购员所独有的技能优势！没错，看厂时，我会跟正在工作的工人说说话的。"你好啊，做得挺好的啊。""你做了很久啦？最近加班忙吗？""这老板好不好啊？"每句话里都藏了心计，每个问题都是利刃！"老板？他不是我们老板啊"，看来我找的供货商是中间商的可能比较大；"加了一个月班啦！"那车间是真的很忙了。不过，此事不能太明显，一般我是在有几个人一起看厂，供货商业务员忙着照顾我公司老外采购员时，才有空询问，不然就不太有机会问太多。

这一招，我也会让比较聪明的检货员去问，去打听。各位采购员，不要错过跟前线同事沟通的机会！他们知道很多东西，只是你不问，他就不会说了。检货员大多跟工厂车间和仓库熟悉，有大量秘密是只有他们才知道的！

4. 看实验室

工厂所谓的"实验室"一般都不是做研发，而是做质量监控（Quality testing）。看实验室一般能看出工厂做这个产品有多专业。你可以问工厂业务员一个问题："你们有什么是要外发出去做测试的？"让他给你一个清单。通过这个问题，可以看出两件事：一、这工厂知不知道，想做好这个产品要测试哪些项目？除了跌落、环境等基本通用的测试外，有没有一些行业规定的必测项目？而这种行业独有的测试，此工厂能做吗？这就是第二个问题了："生产此产品是不是此工厂的主业？"

你可以这样理解这两部分：要是工厂能给你清单（第一题满分）但你发现它们只有小部分的测试设备（第二题不合格），那他就有很多可能了。可能它只是刚刚开始做这个产品，他甚至有可能只是贸易商，随便借了家工厂让你看厂而已。当然，这些都只是可能性，更大的可能是它只是一家发展中的工厂，暂时未有能力购买设备而已。

拜访工厂的常见问题说了个大概了。下面加上一些看厂有关的常见问题。

（二）看厂的常见问题

1. 看厂能拍照吗

这个问题一定要问。"我可以拍照吗？"，得到同意后才可以拍。这是一种商业礼仪，是一种尊重。不是所有的东西都方便拍照的。货物可能有版权，生产方法（也就是车间）也有可能是商业秘密。你要明白，"让你看"与"让你拍"是两个不同层次的事，各位买家请自重。

但是采购员也不要担心问了就等于不能拍，不会的。事实上，很多工厂都是比较随便的。他们有些人根本没有保护意识，有些人是为了更加取信于客户（这是真的），有些人是不好意思阻止（中国业务员太不懂拒绝）。多重的原因下，只要你开口问，都是可以让你拍的。

2. 看厂的穿着

我想起有一年夏天我跟一批法国人在广东看厂，我真觉得他们不容易。我穿的是短袖衬衣和短裤，而他们则全副武装（西装正装）。据我观察，日本人、欧洲人都比较习惯穿正装；南北美洲的人会穿得比较休闲。而我，一般都是牛仔裤和球鞋。有些工厂比较危险，地上有油渍或是危险的钉子之类，所以我不建议各位穿凉鞋和拖鞋之类的鞋子。球鞋应该是休闲的极限了。

有不少车间是有无尘要求的，进去前都要换上厂服、鞋套，还要过风淋室消毒。不是太冷的话建议把外套脱掉，不然会不方便。

3. 要在车间偷偷拿样板吗

首先我是反对任何"偷"的事的。但的确有时我在经过车间时会拿上一两件生产中的货，然后研究起来，这是很正常的。你可以跟工厂方的人说一下，"等下我们聊一下这个部件？"然后带去会议室，那就没问题了。

4. 看厂需不需要团队协作

我试过很多种不同的看厂组合，有过10~20位500强企业的领导组团去主要供货商处看厂，有过针对某个项目问题去看厂，也有过自己一个人为深入研究车间而去看厂。我感觉看厂是不太需要团队协作的。我有试过由于时间太急，几位同事分开看不同的部分：工程师看实验室，品管员看验货流程，采购员看车间。但这是功能层面的分工，不是看厂时的分工策略。所以，我的答案是没有。我不会勉强说A同事跟工厂人员聊天，然后B同事偷偷拍照和"偷"样板，这些意义都不大。

5. 关于看厂的时间与交通安排

我的最高纪录是一天看三个厂（这样真的不好，你别争着说你一天看了五家厂，Ben叔你怎么那么慢）。如果可以的话，尽量一天只看一家厂。首先，不是所有厂都值得看，既然决定要看了，那就意味着此厂有一定的重要性，值得好好花时间看。其实如果你限定自己必须花 4 到 5 小时看这家工厂的话，你会很意外地发现原来有那么多细节。（当然你的供货商要愿意陪你花这个时间。）根据我的经验，看厂整个流程走下来最快也得两小时。

交通安排方面请大胆依赖供货商。在 500 强企业工作的日子，我不会去那些不愿安排交通工具的工厂。我不知道其他采购员怎么样，但这对我来说是刚需。供货商可以不安排我吃饭，但不能不安排我的交通。好多工厂的所在地都是比较偏远的，连出租车、网约车都去不了。而且人生地不熟，我认为自己安排交通是有风险的事。然而对"地头蛇"的工厂方来说安排交通是个轻松的事。要是这样工厂都不安排，恐怕大家也没有什么谈合作的必要了。不要小看这件事，你试试去东南亚、印巴等地拜访一下客户或供货商就知道它的必要性了。

有时，同一天拜访两个竞争中的工厂是要多留一份心眼的。工厂往往都很想知道你还会去拜访谁，而你却不一定想让他知道（你也可能想让他知道，这都是策略，详见"双重供应"那一章）。那么你可以让第一家工厂把你送到最近的地标，如酒店、咖啡店等，然后跟他们道别；再让第二家厂来地标接你，那就安全了。可能的话时间差个十来分钟到半小时比较好，因为第一家工厂的人可能还在附近等着看戏。我要是供货商而我又很想知道客户还会去看谁的话，我可能会派人去跟踪！

在车上说话也不是完全安全的。很多老外都有个习惯，看完一家工厂后马上评审。"Ben, which one is your choice?（本，你觉得哪个工厂更好？）"虽然这是一个好习惯，但场地不对。记住，工厂安排的车辆上仍然是工厂的地盘。司机是他们的人，他也可能懂英文；车上有没有窃听器也很难说，采购员请务必留一个心眼。我一般会跟老外使个眼色，"We'll come back to this later（我们稍后再聊）"，他们就明白这不是说话的地方了。

总体而言，看厂是一个真正的采购专业技术活，不是 Ben 叔在这说几句就能让你完全理解的，但这会是一个好的指引，采购员可以从这些方面先着手，慢慢发掘自己独有的套路，到时，欢迎你来跟我分享。

合格供货商名录

在我写"Ben 叔的商务英语（BE）"的过程中，常常看到外贸人（业务员）对"客户"毕恭毕敬。我有时好奇会问问他们，这是什么大客户？跟你下了多少亿的订单？答案竟然是：还未有单。这种客户只能叫作潜在客户，距离成为客户还有很长一段距离，保持适当的态度就好了。

这一节我并不是想说未成单的客户，而是想用这个开场白来讲一讲 AVL 这个概念。Approved Vendor List 是 AVL 的全写，也有人叫 ASL，Approved Supplier List，反正意义一样。简单来说这是一个清单，一个"已获准做生意的供货商清单"，同时也可以是"未成单的供货商清单"。在本章中我们说了采购流程的最后一步是看厂，然后就能决定工厂是否可以纳入 AVL。可是入了 AVL 并不代表就是合作供货商了。能成为供货商，与已经是供货商，是有很大距离的。这个距离有多大，不止看采购员，同时也看供应链部门。

曾经发生过这么一件事：当我还是采购经理时，空降了一个极不合作的老供货商。由于他们不合作的程度比较高，年少气盛的我当然是极为不高兴要挫一挫他们的锐气。我花了很长时间去把这个项目立项为一个新的项目，重新寻找供货商，后来找了两家供应同样产品的合适工厂，并纳入 AVL。可是这并没有改变什么，老供货商态度一样的差。我仔细了解后才知道，原来远在美国的供应链部门还是在跟他下单，而新的供货商在已经完成报价、验厂等必须程序，进入 AVL 后，却是连一点点的订单也未收过。那时我就明白了老供货商的底气是哪里来了。所谓"朝中有人好办事"，我懂的。我也不立刻开火，只是在适合的时候做适当的事就行了。说这件事我只是想表达，<u>进入 AVL 不代表有订单</u>。

既然都不下单了那么 AVL 还有什么用呢？还重要吗？答案是相当重要。原因很简单，我们自己内部闹矛盾是一回事，真要是突然需要用新供货商却没有可用的，又是另一回事。我说过 bottleneck 象限以及双重供货商的事，也说过风险成本的事，也说了采购人永远在找供货商的路上，再忙也要做。采购岗位所做的事中，有好大一部分都是风险管理，而 AVL 正是风险管理下的输出物。我们永远不知道什么时候会突然多了很多订单，也不知道什么时间供货商会突然出问题不能供货。要是没有两手准备，那到时怎么办？双重供应可能成本会比较高，可能只能用在特别特别关键的情况，但 AVL 不同。我知道我随时能用他，但又暂时不用理他，不用花钱，只需简单的管理。

当然，AVL 是有时间性的。五年前进入了 AVL 却一直不用的供货商，到今天可能已倒闭了也说不定。随着时间的推移，一切都会变。当时很有意愿合作的小工厂，今天可能早看不上我这个客户了。当时还未跟任何客户合作的好工厂，今天可能已是我们竞争对手的专供合作伙伴。真正在合作的供货商还好，因为你们常常会联络，也有正式的关系，但 AVL 的供货商有的只是个弱关系，很可能一年也不怎么联络，他们发生什么转变我们往往都不是那么清楚。所以针对这种关系，有两件事要注意。

第一，AVL 供货商也是需要管理的。最理想的管理方法当然是定期到访，了解一下双方什么情况，为他们打打气："时机到了，订单就会有了。你已是我们认可的工厂了，要不先给你发个证书？"，同时，问问对方生意怎么样呀？忙不忙呀？事实上，没真的订单，关系深度有限。但这叫作空手套白狼，能管多少算多少。

第二，不要有太多入了 AVL 又没拿到订单的工厂，要控制数量。AVL 在于风险管理，但请在风控和管理成本中找到平衡点。

AVL 是个低成本的保险，懂得用，还是很好用的。

供货商考评

如果你不能考核它，你就没办法改进它（If you can't measure it, you can't improve it.）。– Peter Drucker

没错，管理学大师 Drucker 先生说过这句金句，所以，我们在谈论如何管理供货商时，应该先讨论如何考核供货商。所谓考核，就是把供货商的表现量化，变成客观的数字，从而进行管理。可现实工作中，就算是在非常规范的 500 强企业中，大部分的供货商考核还是相当倚赖主观判断的。主观其实也没有什么不好，一个有经验的商场老手的判断力，难道就不是他值钱的原因吗？企业愿意付高薪雇用他们，难道是为了找他们分析数据吗？

可是，主观的底气是哪里来的？在 CEO 说那句他认为应该怎样怎样时，又是谁给了他底气呢？答案是数据。所谓"基于事实的决策（fact based decision making）"，就是在客观的数字中总结出现实，再以主观的经验和直觉去做决定。来到采购领域时，道理也是一样的。我们究竟是凭什么去决定与一个供货商的关系，是要给他更多还是更少的订单？要发展成我们的首选供货商，还是要慢慢断绝关系？采购经理面对这些选择的时候，靠的不是主观与个人的喜恶，而是靠一组组管理供货商的数据，并对其进行分析、解读，以此作出决定。

这一节是供货商管理的根据。目标是教大家用一些主流的标准去考核一个供货商。这套标准跟供货商的文化、大小、行业等都无关，是一个通用的标准，可以套在绝大部分的供求关系上。采购方的读者可以以此为基础准则，修改并发展出一套自己的考核系统；业务员读者则可以通过了解采购员对供货商的考核标准去改善自己，反问自己是否符合。

一、前后评分

首先跟大家说说，考核分两种。一种是在项目选择供货商时用的（前部考核），另一种是每年考核现有供货商时用的（后部考核）。这两种都属于供货商考核，但内容、方法和目的都不同。当我们说考核时，先要搞清楚是哪一种考核。

在采购的前端"找与选择"的过程中，采购员会有一套评分比重。这个比重既是针对项目的，也是符合企业价值观的，即 500 强企业术语中的所谓的全球合规（global compliance）。找供货商时由于项目的特有要求，可能会出现一些硬性条件，例如，必须拥有某工艺生产线，又或者要有某行业标准的认证。这些硬性条件很少出现在现有供货商的年度考核中（后部考核）。年度考核中，更常用的是软性的、量化的条件，也就是说，不是黑和白，而是一个分数。

本节我们只说后部考核。

二、供货商年度考核的困局

本节引文中我已提到 Drucker 的话，考核是为了提供标准、方便管理，但要是只考核没有后续的行动，那考核就没有意义了。就像跟小孩子说教完后没有任何奖罚，下次他就不会再把这当回事，久而久之他就直接不理你了。<u>没有后招儿的考核，不如不考核</u>。所以理论上，考核后是需要跟进的："因为你们今年表现不理想，所以我们把一部分订单转给你的对手了"，这样是最好的。这样高调而客观的奖罚可以让供货商真的把你的考核当回事儿。但这是很理想的情况，事实上，按我的经验，大部分的年终考核都沦为"交作业"。公司有这个要求那就做吧。一份又一份的表格填好后交给总部便没有下文了。采购员走流程，供货商也就配合着。分数都是采购员凭主观感觉打的，1-5分的话一般都是填3，中规中矩就好了。这样的系统是完全无效的，这样的考核不作为标准还好，要是真的用来做重要决定的参考，那就不敢想象了。

考核，要么不做，要么就供求两方都认真把它当回事儿，做得好有钱（订单）发，做得差会罚钱！这样整件事才会变得有意义。态度如何摆正就看领导如何落地，想好一套赏罚分明的制度。"双重供应"的好处又出现了。要是你根本没得选择，不下单给这个唯一的工厂也不知道要下给谁，那你其实没有什么管理可言！这样的情况请你反思一下自己的采购策略是不是出问题了，才把自己逼入困局。

以上所说的"没选择"是赏罚机制的一大问题，另一个问题是"没弹药"。也就是说，供货商做得好了，进步了，你想打赏他、鼓励他，但看一看钱包，没钱。不是你不想赏罚分明，而是你没有这个能力。订单就只有那么多，你还能怎样鼓励他呢？搞不好今年生意比去年差，订单你想多也多不来，明明供货商是进步了，订单却比去年还少，那……你说怎么办？

有些超大型企业会用上聪明的方法解决这个弹药问题。他们有一个值钱又不花钱的弹药：名气。每年，超大型企业采购商都会举办一个大型的"供货商年会"。他们会找个好的场地（如五星级酒店），把企业的高层都请来，相当有仪式感。然后，会根据考核的表现发布不同的奖项，如最佳质量奖、最准确交货奖……要是实在找不到能夸的点子，那就来个"最具合作精神大奖""最佳进步奖"，等等，总之让供货商有东西能带回去放在办公室。这些奖有没有用？相当有用！特别是对没名没姓的小工厂而言，这简直是个珍宝。2009年我获得了欧宇航集团的最佳员工奖，如图5-1所示，它一直对我都有正面影响，非金钱所能衡量。这些"弹药"不花钱，却很好用。采购商的"商誉成本"，在这里被用了起来。

图 5-1　最佳员工奖

要赏赏不了,因为没有弹药;要罚罚不了,因为没有选择。其实这才是供货商考核的核心痛点。要是解决不了这个问题,再好的考核都是没有用的。

三、年度考核的三大主流指标

不同公司有不同的标准,基本上是各家各法、五花八门。我工作过的三家 500 强企业分别有不同的标准,学术界好像也没有一个统一的说法。只能说,在这些种种不同当中,有三个点是共通的:成本(Cost)、质量(Quality)、交付(Delivery)。以下我们深入说说这三个方面。

(一)成本(Cost)

成本不只是说供货商的产品贵不贵的问题,而是围绕着成本这件事分拆出来的许多小问题。供货商价格稳定性（Cost Stability）是我个人觉得最重要的，但价格稳定又不代表有竞争力（Cost Competitiveness）。同时，最后买单结算时付的钱，基于种种可能性，或许跟本来的报价有分别。最终金额跟报价单的差距（Quotation Compliance）又是一个指标。我们集中说一说这三个指标。

1. 价格稳定性（*Cost Stability*）

我一直都在各种场合跟外贸业务员强调，我最讨厌那种报低价，然后成单时突然加价的供货商。我当然明白这是套路，甚至有些培训老师会教业务员这样做。用这个套路的确有机会拿到一个订单。当买方被你的低价吸引，花了大量时间评估你、教你……什么都准备好了，然后你下单前来这一套？都到这个地步了，如箭在弦，采购员已经没有选择余地了，可能也只能乖乖地跟你一边埋怨一边下单了。

所以，你觉得你赢了吗？"搞定"了客户吗？引用一句名言："you may win the battle but lose the war.（你可能赢了战斗，但你输了战争）"说的就是这样。只要一有机会，采购员会立即换掉你，将你放入黑名单永不录用。业务员千万不要这样做。

其实，反过来想想，起用这样的供货商的采购员是不是更该负全责呢？你都看厂、聊天、验厂了，对他报出来的价格难道还没底吗？要是我们只需跟最便宜的供货商买货，那老板还要采购员干什么？采购员要平衡风险，这是能力也是责任，躲不了也逃不掉。

我明白不是所有涨价都是带有恶意的。有些情况真的是报错价了，而且涨幅也不大，属于可以接受的范围之内，那怎么办呢？善意的解释、充分的沟通都是有用的，但是错还是错，错了不一定罚，但一定要有记录。官方的记录就在这里：价格稳定性（Cost Stability）。供货商价格是否稳定，乃是评价供货商的一个重要指标。这关系到供货商是否可信，有重大项目时是否值得依赖，能不能长期、放心地为我方供应。

动不动就来哭着说要涨价的工厂，也要扣分。是什么原因让一家供货商不能一开始就把价格报对，而要之后一直调整呢？是一开始就用心不良？还是对生产此产品经验不足所以掌握不了真正的成本？不论是什么原因，都不对。理想中的供货商，应该是有能力第一次就报对价的，最少是95%对了。

通常情况下，预先沟通好的、合理的价格变动是可以接受的。举个例子：原材料和汇率。原材料成本往往是一个非常重要，甚至是最重要的价格成本组成部分，而不少原材料都是流通于国际期货市场，价格的升降是透明的。报价时先谈好价格变化机制，类似：要是油价升至XXX，那我们就会重新报价，这样的话就问题不大。同理：美元对人民币跌破XXX，我们就重新议价。这样的话都是可以接受的。

当然，要是一个供货商敢承诺一年价格不变，不管油价、汇率涨跌怎样变化的话，这一项必须拿满分。不过，真有供货商敢这样承担风险吗？

2. 报价具有竞争力（Cost Competitiveness）

决定是否从某供货商处采购的一项主要指标：报价便不便宜。现在做的产品报价够好吗？或者新项目报价每次都好吗？新旧两项就够了。功力深厚的采购员大概在看厂时已能看出供货商是否有竞争力。采购员们不妨自我训练一下，每次看完一批工厂后，自己在心中猜一下谁报最低价、谁最贵，然后对比最后出来的报价。"A厂那么热心一定很想做我们生意""B厂做那XX，自动化程度高应该很便宜！"等。这是一个很好的训练，可以慢慢锻炼出采购员对成本结构的敏感度。

如果供货商每次报价都很积极，态度很好，也很配合，可是每次报来的价都很让人失望，那就算再好的关系都没用。管理此类供货商的做法是，首先要了解他是真的没有竞争力，根本没法报更好的价，还是他们只是想赚太多钱，对利润不太有自己的追求？要是所谓的"不能也，非不为也"，那多谈也无用，下次也不用找他们再报了；要是反过来"不为也，非不能也"，而你还是想让他改善的话，请在这项大大地扣分，然后好好地沟通："这样下去没人跟你合作的。好好报价，不要耍花招了。只要有我在，你不会突然走运中奖的。"这才是好的供货商管理方法。

3. 报价差距（*Quotation Compliance*）

这项可以作为评价供货商是否"说一套做一套"的总指标。报价是报了，但最后买单结账又是另一回事，因为实际结账＝报价单价＋各种额外的小钱。这些小钱大多在报价时没有报，包括一些个别案例中同意支付的加班费、理不清谁对谁错的质量成本和样品费。这个指标的重点是意外和危险。在采购管理上，所有计划之外的、理不清的，一般都不是好东西。

这项指标的目的是评估供货商的计划性，这点很重要，我同意。但就我个人来说，我对这个指标不是很看重，为什么呢？因为说不清。一个明明是我方同事做错的事，供货商基于合作关系，不计是非对错吸收了这个成本，然后你还要在考核时扣他的分数？你的良心不会痛吗？这种算法很容易把关系搞差，以后大家就不会再有什么弹性了，实非合作之福。

（二）质量（Quality）

就算不懂行的人也懂得说质量很重要、很关键。然而怎样考核质量才客观全面与合理呢？这就是采购专业的事了。

1. 符合规格（*Specification Conformity*）

我们先不要说质量有没有很好，我们先说最基本的：有没有跟我们要求的一致。关于"做对了"与"做得更好"，在不同行业中有不同的重要性。OEM加工行业，按照图纸要求做对了就行了，没有什么更好的。我要求你的精度工差是0.1mm时，你就算做得更好，做到更精准的0.05mm对我来说也是没有意义的。另一个例子，我只是要一个能安全坐人的椅子，而这把椅子我只打算付出某个价格（这就是目标价），那么就算你做出更好的椅子，并跟我说这是用上了某种千年古木＋某位名工匠后人全力打造的，但是价格很高也是没用（这叫质量过高）。但是对另一些行业，如海产业、工艺品行业，真是"没有最好，只要更好"。不合规格一定不对，但符合了规格也就只是满足了一个入门的基本条件，不是制胜的因素。行业标准是衡量这项指标重要性的大前提。

以一个正常的工业流程来看,供货商可能是在前期打板时不符合规格,也可能是后期生产时不符合规格。企业考核供货商时如果不明确定义这一点,留出很多让采购员自行发挥的空间,这不好。按 Ben 叔的看法,这个重要的指标,该集中关注后期的生产。至于前期,严格来说并非质量问题,而该定义为工程能力问题。举个例子,要是供货商打了好几次样板还是达不到要求,那其实并非他们的产品质量不好,而是根本就没有做出你要的产品的实力。这不是他管理好一点就能解决的事,再打十次板都一样。

实际情况下,除非供货商曾经出现过非常重大的质量问题,否则,采购员是不容易对供货商的产品质量有印象的。这项指标最该依靠的是品管的数据。然而,就算是质量数据,也很容易给管理层一个错误的观感。以下我举个例子大家就明白了。

A 工厂的质量评分 70 分,而 B 工厂是 60 分。你的第一印象一定是 A 工厂的产品质量较好。但细细品味一下,可能就有不一样的结果了。A 工厂可能常常都有小毛病,常常都要连同我方一起解决各种质量问题,但每次都只是小问题,不重要;相反 B 工厂可能是主要供货商,量大批次多,质量中上而且稳定,但年内曾出现了一次重大的失误,导致罚款处理,所以评分就低了很多。那么请问 B 工厂是比较差的供货商吗?显然不是。

要知道,在质量学上有一个概念:发生频率(Frequency)× 严重性(Severity)= 质量表现。这是个容易出误会的关键绩效指标考核项目。建议各位采购员在考核时注意这一点,可以考虑分开显示,那应该会更客观。

2. 流程合理(*System Quality*)

不是有个 ISO 认证就代表能拿高分(不过连这都没有的话一般都不入流)。要说明这一项,我想引用我另一本书《左手外贸右手英语》内的一段话:

"质量是生产出来的"这是多么重要又多么被忽视的概念啊!!不过,真不怪员工,他们刚出学校不久,根本不可能懂。也不怪老板,没几个老板真的什么都懂。那怪谁？品管经理！！我看这真是概念的问题。这些年来我看到很多品管经理，出了事就只懂"返工""加强检查"，动不动就"提高工人意识"，没事就挂些口号"质量是我们的生命"。质量的重点，是在一个合理设计的生产流程下，反复在流程中检测错误，就算最笨的工人也没有办法把事情搞砸，这才叫作"质量生产"！！质量，靠的不是工匠精神，也不是老板和工人们的良心。靠的只有一个：流！程！！

设计出一个"合理的生产流程"是重中之重。何谓合理？高效也。高效不只是快，而是不出错，成本最优化，而且还快，这才叫合理。这会不会太难了？当然难，不然花钱请专业的品管总监来是干什么的？品质不是验货！采购们的专业并非质量监管，所以不懂这些也不是很奇怪。这也不是 Ben 叔在这里三言两语就能教会的。这是一本采购书，所以我的建议是，完全信任你的品管部同事，不要想太多。

3. 解决问题（Problem Solving）

解决问题是一件能力＋态度的事。态度应属于服务的考核内容，但解决问题的能力可归类为质量考核的内容，大致的原因是解决问题是质量系统的一部分。出现了问题（就算不一定是质量问题）时，供货商是否后知后觉？是否能主导解决问题？还是退而求其次，非常配合？还是选择逃避？以上种种不同属于态度问题，属于服务考核（要是没有服务这一项考核，那把它放入解决问题也不为过）。那能力是什么呢？举个比较专业的例子，某电子产品的功能不稳定，有时能用，有时却不能，属于严重质量问题。买方采购员因缺乏该方面的电子专业知识，无法分析（更不用说解决了）问题，便只能完全依赖厂方解决了。对拥有研发能力的厂方来说，那就只是小菜一碟。工厂分析后发现原来是因为一个编程小问题（我也是瞎编的，别在意！）导致不稳定，只要修改后刷新一下产品就好了。事情就这样解决了。

以上是个有解决问题能力的例子。从发现问题，到正确地描述、分析问题，并定好解决方案的实际能力，就是这项"解决问题"所考核的事。

4. 保证和售后服务 (Warranty and After Sales Support)

整体上，产品是否提供售后服务？服务时间有多长（一般一到三年，看行业）？是否能直接面对终端消费客户？OEM与成品各有处理的方法，但考核同样有必要。

维修能力也算是一项。你想一下，要是你买了一台汽车，好好的用了两年突然坏了，但当你拿去修车时对方却说没有这个服务，请你买一台新车吧！这当然是个笑话，但也是一个极端例子，说明维修能力的重要性。相反我也见过一些没意义的维修能力。当我看到百来元的手机外壳也有三年保修时，我不会觉得他们真的很细心，相反我第一感觉是这个品牌太形式主义，或者是这行业的要求过时。有谁会去维修吗？为了这个无必要的维修，企业与社会又付出了多少成本呢？这些都值得深思。

（三）交付（Delivery）

正如质量该由品管部门去考核评分，这项交付也该由采购部的姐妹部门——供应链部门去考核。老规矩，采购部领头，把供应链部门叫上，让他们考核。

1. 完成率 (Fulfillment Rate)

完成率（Fulfillment Rate），还可以叫作strike rate、fill rate、on-target rate、service level……它们的定义虽不尽相同，但大致上都是在考核同一件事：供货商准不准时交货。我可以大胆地说，准时交货这件事，是企业内部做对了所有的事，才会"自然地"发生的。就像我们每天能正常健康地生活，正是我们身体机能运转对了的结果。<u>准时交货是一个果，管理完善是个因。</u>

考核这一点比较容易，统计出准时量/次和总次数的比例就是了。因为都是有客观和实际数据支撑的，不太需要主观见解，我比较看重这一项。只要小心注意别被误导（大致的错误如上文关于质量的考核一样），那么这一项应作为交付考核的最重要的一项内容。

特别值得一提的是，所谓不准时交货，不只是晚交货，早了也不行！对于某些行业如快消品行业来说，早收了供货商的货意味着更多的库存、更大的风险、更乱的运作。所以，早交货这件事，需要及早定义清楚是否能接受。

2. 紧急订单（Urgent Order）

一个成功的供应系统，不只要能顺畅地"无人驾驶"，要能自动自觉地高效满足日常的交付，也要能在紧急关头，发挥比平常更强大的作用，助我方解决问题，接下急单，一起共赢。

个人经验，我不喜欢太忙的工厂。要是工厂员工一两年来都长期加班、爆单，我除了看到老板生意好之外，更多的是留一份心眼：我有单你还能做吗？是不是要找另一家了？工厂明明有订单，老板却不加大投资，这件事本身就是负面的，是因为老板不看好这个生意，所以不想投入增加风险吗？我们还能一起走得更远吗？他还是不是我们的战略合作伙伴了？

所以，工厂最好不是"常满"，七成左右平均产能使用率是最好的。急单来了你还能在万难中处理。或许工厂会要求转嫁急单的成本，要客户付加班费之类，但这最多也只是个成本问题，并非不能解决。关于这一项，要求厂方提供"产能平均使用率报表"是个很好的监督方法，但此事有可能比较敏感，不是所有工厂都能如此透明的。在没有客观数据的情况下，只能靠各位采购员多跑车间多看了。

要知道，大多数的情况下，急单都不是好东西。"处理急单的成本是正常单成本的两倍"这是 Ben 叔的金句之一，虽然我没有数据支持，但急单所需的各种沟通、车间生产顺序的安排、供应链的配合，全部都不是易事。所以，除了供货商能有效支持急单外，最根本的做法是避免急单。除了考核供货商，买方更该内部考核自己，究竟为什么总是有急单。这个结果可能会吓你一跳，因为，我相信，人为错误与不认真的需求计划（demand planning，本书没包括，这是供应链的事），造成了八成以上的急单！！

3. 标准期间（*Standard Leadtime*）

小部分的报价单上会写上"Standard Leadtime 2 weeks after PO（订单签订后两周为标准期间）"，更小部分采购员会在合同上写上这个"标准期间"。可是，认真对待的人真的不多。所谓标准期间，就是说每一次下单后，供货商保证多久出货。一般来说，这是一个供货商觉得舒适的数字。例如，明明你有几次逼他们交货时，工厂两三天就做了出来，但他仍然写标准期间为两周，且无论如何都不肯改。为何？

首先，标准期间跟几件事有关：

— 为上面提及的完成率提供标准。要是没有标准期间，那么何谓迟交呢？

— 有没有需求预测，影响重大。有需求预测下的标准期间，必定会比没有需求预测的要快。不然给工厂需求预测是干什么的？

— 没有需求预测的情况下，或者在比需求预测的需求大的情况下，标准期间会延长。

— 一家产能足够、供应链不长而且按需求预测做好存货的工厂，按道理能提供最好的标准期间。

要注意"标准期间"与"最优期间"是两个不同的概念，正如上文所述，他有能力两天交货，不代表他每次都能保证两天交货。那你会问他："你能保证多久交货啊？"他就会微笑着说标准期间还是两周不变。既逼不来，我也不赞成你逼。更短的无理标准期间要求，只会导致更高的供货商内部成本，最后转嫁回你自己身上。这码事，只能双赢，好好聊个合理的期间吧。

虽然不要逼，但考核还是需要的。好的标准期间有助于缩短整个供应链的反应速度（Responsiveness），对千变万化的市场来说，反应快是一项重要的竞争力。

4. 包装（Packaging）

这里指的是运输的包装，而非产品包装（Gift pack）。产品包装要求美观，让人有消费冲动，而这里我所说的外包装纯粹是为了运输而设的。安全、节省空间成本为考核包装的最重要的指标。仓库工人打包技术好吗？运输的人有没有把你的货扔散了？工厂有没有过量包装（Over-packing）？当中还有一些小问题，如包装箱上印的标志有没有错，各个客户常常会有一些个性化的要求，如贴上数码标签、卡板大小等，这些都属于包装考核的范围。

有两个比较说不清的事：

（1）包装设计。

比较大的企业（不论是客户还是供货商），都会有包装工程师这个岗位。这个岗位上的人就是所有包装的设计者。如果包装要求是来自客户的包装设计师，那么出事的话，算谁的？我就见过一种情况：供货商觉得包装会出意外，于是，提出了意见，但客户方一直坚持用自己的设计，结果包装在运输途中真的破了。出了事后，买方拒不承认是包装设计问题。最后还不是"大石压死蟹"，供货商怕得罪客户于是赔偿了。所以，如果在买方参与包装设计的情况下，以此作为考核供货商的指标并不公平。

（2）指定货代。

很多客户都爱指定货代。那么同上，出事了算谁的呢？要是指定货代的船沉了还容易定义（那一定是算货代的），但要是在货代与供货商中间的灰色地带呢？这个我连例子都不好举，但工作中常常会碰到。所以，这种事真的不能作为供货商的考核指标。

不合理的考核标准，只会让人家不把它当回事。考核标准越合理认真，考核就越有权威性。这是人性，也是管理。

四、HOW：考核的方法

大公司都有一套很全面的考核方法，上文也就只能说个大概。然而，到了落地的层面又是另一回事。据我所见，考核还是相当主观的。年底考核时，采购员几乎不可能记得年初时供货商的表现如何。年初时的错，年底只要表现得比较好，就不会有人记得；相反年初时的好，只要年底时不能一直保持下去，那也轻易被遗忘。我说过，靠专业人士的主观感觉固然重要，但这是不是最好的安排呢？不敢说。

与其靠一位天才采购员去评判，不如靠一个可靠的系统，然后让一般的采购员都能把事情做对。一般考核，都是靠一两个人，在年底时填好一个表格就算了。这里有两件事是可以改善的：时点、团队。以下我分开来说明。

（一）考核的时点：一定要年底吗？

在没有一个很合理的原因的情况下，大家都爱集中在 11、12、1 月做供货商年终考核。啊……对，因为这叫作"年终考核"，那当然是放在年底了。没问题！不过……为什么？年终时，你忙我忙大家忙。工厂本身也要做年度盘点，仓库非常混乱，年底他们也忙于出货，还有公司年会之类的事情，都那么忙又那么乱了，是什么让你坚持一定要在这个时段做考核呢？为什么我们不能改为"年度考核"，然后每年在同一个月份（如 8 月）比较空闲的时间去做呢？

只要是每年在同一时间，供货商又被充分知会的情况下，其实哪个月份做考核都无所谓。多一点时间沟通和准备，考核才更有意义。

（二）考核团队：多维度输入

如前文所说，不要只靠采购员一人或采购部一个部门去做考核。我们千万不要有"供货商是我管的，我最清楚他们"的心态，这样容易闭门造车。同为运营（Operation）部门的人，采购部该邀请息息相关的品管部门和供应链部门一起参与。这里有两个原因。

第一，专业不同，术业有专攻。小公司或初创公司没有这些部门那没什么好说，但要是公司设有这些部门，我们就该相信他们的专业，把相关的问题交给他们去考核。这样的考核更准确、更有价值。

第二，参与感。采购在很多人眼中，是利益之地。不管中外的公司都对这一岗位特别的敏感。作为采购的负责人，更该主动公开、公平、公正地去考核供货商，不要让公司其他人（包括老板）觉得你把门户关闭必有所图。主动邀请其他部门进来，也就是说："看，供货商不只是我们管的，你们也管！"这样除了避嫌之外，同时还有效增加了其他人的参与感，对所有跟供货商打交道的同事都有鼓励意义。

老外的管理很爱动不动就成立一个跨功能型团队。其实也不用组建团队那么正式，但只要在考核的文件上写清楚考核者的权责，再加上同事间培训一下，每年都做同样的事，慢慢地肯定能做好了。采购的工作就是龙头，把大家带动起来就够了。

（三）考核的流程：沟通、考核、再沟通

第一次做考核时，很多供货商是一头雾水的："搞什么？这有什么用？"。据我所见，很多公司都在这方面缺乏对供货商的教育。不少业务员只知道客户来投诉了，面对投诉，他们口头上说："好的，我们会注意。"，明年却又犯一模一样的错误。供货商不知考核为何物，听了也不知道，知道了也不会改，那考核又有什么用呢？所以，整件事情不是就去考核一下，然后扔给供货商一个表格就算了，而是要有一个"沟通、考核、再沟通"的过程。

第一个沟通是考前沟通。大致是"下周要考核这些了，你们要怎样配合，我们会有谁来考核，整件事你们老板也要知道"。这是一种心理预期，对整件事的进行有正面帮助。采购员甚至可以把整个考核文件直接发给供货商："看，我们就考核这些，你尽管去准备吧！"考核不是学生考试，你不用担心他准备了就能做假。要是真的能做假，那么供货商做一次假也不容易，就当成是

他改善的一个好实例吧。

沟通好了就该考核了。你的多部门团队此时可以出场了。考核可以是实地边看车间边做，也可以是在线访问一下："当时你们用了什么方法解决问题了？"甚至可以完全不沟通直接靠记忆打分。这一点大家看手头上资源而定。考核不止面向一家供货商，要单为年度考核一家工厂一群人跑大老远也是不现实的。所以各位自行按资源和重要性判定。

第三步的沟通是，回顾。买卖双方坐下来，对着那份考核表格，针对每一个点讨论。"关于第二点的价格优势方面，我们是这样看……以上是我们的意见，你们怎么看？"大概是这样的论调。这种类型的沟通能把平常的事情好好清算一下，把常错的、改不好的事情，升华到高一个层次来讨论。一年一次，机会难得。

经过讨论后，采购员可以更有仪式感地让供货商负责人签字，又或者在沟通前把去年的同一份文件拿出来看一下，这样更能发挥检讨的作用。"去年不理想的，今年有改善了，恭喜你们"这样。

第六章 采购团队建设

CHAPTER SIX

本章中我们会探讨几个问题：

— 采购员能内部养成吗？
— 采购员是怎样炼成的？
— 采购经理是怎样炼成的？
— 三至五人的采购团队如何分工？
— 大企业的采购部是怎样做的？
— 如何帮助采购员面对诱惑？

然后，我们会引申以下更多关于采购团队的课题：

— 采购的各种工种职能细分；
— 采购人员的考核方法；
— 采购人的职业生涯。

本章是最后一章，亦是内容相当丰富的一章，它是中小企业建立采购团队时的一个全面的参考，甚至是一个指南。如果你有以下的这些问题，那么这一章是非常值得你一读的。

— 正为以上所说的"有前无后"的问题困扰；
— 一直知道后方不足，但不知从何入手改革；
— 有非常信任但能力不足的人，恨铁不成钢，希望能把他培养成为采购舵手；
— 转型中的SOHO人士，急需建立供应链团队。

内部养成的采购部

是相信专业，还是相信自己看人的眼光？我相信这是不少企业主需要做的一个重要决策。虽然大家都知道"用人唯亲"是不对的，但事实上它却是很多老板的最终选择。我的看法不是一面倒的，并不是用亲就一定不好。其实，这不是中国才有的特殊情况，而是一个全世界都普遍存在的现象。欧洲有很多出色的中小企业都是家族企业，实力一点都不差，有一些企业甚至是小众行业的领袖。这就是一个好的证明，证明"用亲"不一定不好，只要不是盲目的"唯亲"就好了。

"用亲"的原因有好多，大部分是因为信任问题，也有一部分是考虑到稳定性，以及技能传承等问题。既然有欧洲家族企业这些成功的例子，那么这里我就不再讨论用亲是否合适这个问题了，我们跳过这一部分，直接进入"既然决定了用亲，那么如何才能让员工更适合当采购员呢？"没错，我们不聊用小舅子对不对，我们直接聊怎样把小舅子变成采购精英。

幻想一下一个对行业不是太懂的亲人刚刚来公司报到。你会怎样安排他的最初三个月？我的顺序大概如下：

- 了解公司概况；
- 学习产品；
- 深入了解供求两边的形势，主要的客户和供货商是谁之类；

- 拜访供货商；
- 日常跟单操作。

以上的工作，细细地做，将会需要三个月到一年。但请注意它们是有顺序的，有先后之分。每一个步骤都是为这名新同事打基础。第一步至第三步的通用性很强，但属于人事管理多一点，本文就只简述一下，采购学习的内容可以从第三点开始说起。

采购员入职前三个月的学习指南

一、了解公司概况

大致上，"了解某件事情"，都可以用上 5W1H 的国际套路。所以，对新入职人士来说，从以下这些角度去开始了解吧：

- What：这是一家什么公司？做产品的？转卖产品的？做品牌的？生产的？
- Who：谁是领导？有什么部门？各部门跟谁打交道？谁的性格怎样？
- When：（可能是相对不太重要的）公司每年的主要活动时间表，如参展、拜访客户等。
- Why：为何公司会成立？为了解决一些什么样的问题吗？
- Where：主要市场在哪？供货商在哪里？产业基地在哪里？
- How：公司是怎样生存和发展至今的？

以上这些都是比较概括的内容，但系统性很强，建议给所有新入职同事介绍一下。这不只是采购人、外贸人入职适用，而是所有人入职通用。

二、学习产品

大部分的公司都意识到员工需要懂产品，这一方面是毋庸置疑的。但对于"懂"的定义却有待商榷。员工培训产品时所得到的信息是否足够全面？是不是只有一堆产品的图片和参数？据我了解，很多新业务员，在公司工作一年也就只懂把图片上传到平台上，而对图片中的东西却了解不多。

依我之见，了解产品最没用的知识可能就是技术参数了。难道这些东西不能在需要时被找到吗？难道真有必要记住吗？你的客户和供货商，难道就真的期望你会记得所有的细节吗？不会的。他们反而会希望从你身上知道产品的某些特别用途（如能不能长期使用某电子产品）、市场预期（如在他的市场有没有成功的例子）、竞争情况（谁是业界领军人）、关键原材料（如必需的某芯片是从某大厂购买、某工程胶料的供应状况……）等跟产品相关的"商业元素"。

除了上述内容之外，还需要加上一系列产品的"成本知识"。主要是工程和生产方面的知识，像是物料清单（Bill of Material, BOM）与成本分析、一些生产技术上的难点（如某种零件必须采用一个很严格的工差要求，所以只能某一两家工厂才能生产）与生产流程等。这些都是能够影响产品的成本的，对采购员来说是必须而关键的知识。参数你随时可以回家看数据找到，这种对商业与成品的认知才是你要好好培养的重点。

其实，一个新入职的采购员只要多跟供货商吃饭聊天，是很难不知道以上的数据的。供应市场本身就是一个很好的学习环境，欠缺的只是你的学习能力和好奇心。

三、深入了解供求两边的形势

对以上两项内容大致了解后，就可以开始进入学习采购专业的内容了：

供求问题。反思一下这些问题：

— 对现在的供货商来说，我们重要吗？

— 有多重要？重要到我不下单他们就会经营有困难了吗？

— 有多不重要？不重要到他们其实是不想跟我们做生意的吗？

— 要是有一天供货商不干了，不卖货给我们了，那么我们会有危险吗？生意还能做下去吗？

— 要是有一天我们不下单给供货商了，他们会不会倒闭？对我方有中长期的影响吗？

— 高级题来了：要是某个大客户不下单了，会不会立刻影响这个供货商跟我方的关系呢？他们没有人家的单还能活下去吗？

— 最后的最后：要是这些都真的发生了，我们要怎么办？

以上这些问题是衡量竞争力的。简单来说，这是"谁怕谁"的问题。例如，供货商突然停止供货、无理加价，要是你站在"谁怕谁"不利的一方，那除了接受加价，你别无选择，可以说是相当被动。很多人都知道要跟供货商建立良好关系，但所谓的良好关系从何而来呢？靠你天天去吃饭喝酒吗？当然不是，靠的，还是商业的力量。我常常说，采购的力量不是来自订单量，而是来自选择权。我们在成为"preferred customer"的同时，也要成为随时可以选择跟谁下单的客户。常常保持警觉，并让公司处于一个安全的状态，是一个高级采购员的责任。

所谓知己知彼，以上的问题大致属于知彼的一方。有一些行业，由于某些大环境的原因，上下游的关系有着结构性的不平衡。举一个大家常常会接触的例子：瓦楞纸纸箱。

纸箱是由上游主导的行业。制造瓦楞纸原纸的工厂都是大企业，用的是很大型的机器，投资不少；下游的工厂则以加工瓦楞纸、切割纸皮、钉装等为主要工作，工艺简单，投资较低，而且客户对不同尺寸大小等的个性化要求较高，所以一般都是比较小的工厂在做。瓦楞纸纸箱的成本中很大一部分是物料价格，它是所谓的"Cost Driver"。这样的行业结构，我相信小纸箱加工厂很难跟大的原瓦楞纸供货商议价。2018年一段很长的时间里，纸箱的价格一度非常高，包装的成本甚至高到影响了某些行业的发展。理由几乎一面倒的"原材料涨了我也没办法"。我当然相信成本是真的增加了，但加了多少？其中有没有人趁机多加了？那就只有行内人士知道了。

以上的例子，也包括多年前的计算机动态随机存取存储器等，这个行业的上下游关系特别明显，这就是一个"卖方市场"。卖不卖给你，他说了算！面对这种情况，采购员必须对现实情况有足够的理解和觉悟，制定策略（具体参考第四章"采购策略"中"采购四象限"）。

知彼之余也不能忘记了解自己。采购员要了解自己的什么呢？最重要的，是对自己的"采购力"有一个正确的评估。这里我介绍一个概念："支出分析"。

我的小说《假装在500强》中的主角为了要重新审视自身的形势，把过去海量的订单重新统计，并进行分析，以知道己方的钱花在哪里了，怎么花的。这个动作往往意味着下一个后招：重建供应链。

中小企业在发展过程中，很少能每一步都很有章法地、有意识地做数据分析。就算真有这个精力，也是去管好前端的销售数据，很少能兼顾后面的供应链。企业发展过程中，产品甚至商业模式都会一步步地改变，回头一看，可能早已偏离了原本单纯的模式。供货商变了很多家，每家都买那么一点点，供应链变得越来越难管。

支出分析让你能看清楚自己的钱有没有花在刀刃上。例如，差不多的产品是否分散在很多家供货商处采购？我们有没有利用好自身强大的议价能力？什么是我们花费最多的项目／产品／工艺？面对这些最大的开支，我们能不能有针对性地制定一些策略？

这是一个"知己"的过程。在对自己和供货商有正确的认知后，采购员就能对自己的定位更清晰，工作才能更有效率，更有底气。

四、拜访供货商

关于看厂的细节，我在另一节详述了。这里我从培训新采购员角度讲一讲。为什么要看厂呢？新人能在看厂中学到什么呢？什么才是正确的学习方法？

对于新人，拜访供货商（多数是工厂）是有多重意义的。

（一）建立关系：亲身感受双方的关系水平

"搞关系"是带新人看厂最主要的目的。电邮、电话，甚至视频会议都比不上面对面的沟通。这是人与人最直接和高效的交流方式。旧人带上新人，可以的话带上一点小礼物，以工作交接或是新人学习为理由登门拜访。以我过去的经验，高调拜访一般是最好的。不要走后门、小门，要的是在大堂上直接跟对方老板笑着握手，要对方的前线员工都看到他们老板是如何重视这次拜访的。这样，以后很多事情都出师有名。不要小看这些小动作，好采购员就是要能演！

根据一般看厂的流程，作公司简介、看展厅，然后是午饭，最后才开始看车间的。这种饭局很有趣，是破冰的好时机，也是了解行业市场消息的好机会，亦是人与人建立关系的最好的时机。你在看人，人也在看你。久经商场的老板看人都有一套的，大家是否投缘，很多时候一顿饭就知道大概了。

跟供货商老板建立关系很重要，但也必须尊重对方的员工。敬茶握手之类的可以有顺序，但不可以错过任何人。我看过500强企业在华采购办的新人，跟人家老板聊天时眉飞色舞，对其他人却不屑一顾、傲慢无礼。很多人看在眼里，心里都不舒服。说到这里就不是做事能力的问题，而是做人的问题了，Ben叔爱莫能助。

（二）车间学习了解

我找采购员一般没什么硬条件，除了一条：要待过工厂。我特别看中那些在工厂待过的人。这是个很科学的考虑。一个没经过工厂洗礼的采购员，特别容易被工厂的业务员"忽悠"。举一个简单的例子：

"为什么货还未出？"
"我们查货用了很久。因为我们想保证送给你们的都是100%的好货啊！"

没工厂经验的人听起来会觉得好像挺有道理，但有经验的人只会一声冷笑，回道：

"你们这批货跟上批货有什么不同吗？为什么要特别小心？这是你们的标准作业流程吗？生产过程确定跟平时没有不同吗？为什么不同了？为什么不同了也不先跟我们说？！"
你看，多么犀利的采购员啊……

看车间是采购员很重要的一个技能和责任，新手必须尽早获得此技能。只看一次是不够的，只看一家也是不够的。下面我们说说如何从不同供货商中学习到更全面的信息。

（三）行业信息

货要货比三家，厂也要厂比三家。一个经验老到的采购员，甚至可以在很短的时间内大概了解一个行业：产业基地在哪里？谁是 Top 5？行业困难吗？好做吗？谁家有什么机器？原料从哪里来？这些种种都可以从面对面的闲聊中慢慢得知。当然，你得聊得有技巧，更重要的是你也有一定的信息能跟对手交换。要是你整天都只有听的份儿，很快就没秘密听了！

不少供货商的老板都愿意跟我聊天，除了因为我是客户外，也是因为我"见多识广"。我特别喜欢跟他们分享国外的行业模式，人家老外怎样做品牌？用什么方式推广？这些思维，特别还是有行业针对性的思维，对老板们来说都是很好的"聊天材料"。至于同行的情况，当然也是他们很感兴趣的范围。可是这一点就要小心，不是所有内容都可以分享的，特别是签了不公开协议的工厂。Ben叔坚决反对所有违法和不守商业道德的行为。

再说一遍，拜访供货商对采购员来说是一个很高效的学习途径。要是有可能的话，在得到供货商同意和支持的情况下，我甚至希望我的采购员能在供货商工厂内实习一段时间。这对学习和建立关系都有非常正面的作用。特别是小舅子等家族成员，老板不用担心他们与工厂关系过深这一层，可以更放心。

五、日常跟单操作

没错，是跟单。

"我堂堂一个大学生，老板您让我跟单？"

我非常认同采购员要亲身实践。在500强企业时，员工都是高学历，带有一点点的心高气傲。我要求新采购员跟单，他们往往都是口中说好心中不满。但老板我当年也是跟单员出身的，你们凭什么不去？跟单的好处，真是跟过单的人才知道。每天活在紧绷的情绪中，跟进一张订单，过关斩将似的，今天担心原料够不够，明天要看车间排不排得上时间，后天还要自己去检一检货才能出。每张单、每个产品、每一批次都可能有不同的问题发生。我记得当年我每次听到投资银行的朋友说他们的工作很累时，我都心中有气："兄弟，你知道世上有不少工作，赚得比你少，脑细胞死得比你多吗？"

然而，跟单就像玩闯关游戏，每次难关过后都功力大增。慢慢，你就知道做某货号前要先查好原料才能接单/下单；某货号要准备足够的时间让工人返工，不能急；某货号仓库还有待返工品可以用……很厉害有没有？有！！很高级有没有？没有！！！这是一个吃力又不怎么讨好的工作。做得好是应该的，做不好？那你回家种田好了。做跟单做得好，跟做采购有哪门子的关系呢？

纵使站在客户的角度看跟单可能没有那么累，但要费心的事情还是差不多的。可是，身为客户，你有没有善用自己的身份优势，针对长期发生的问题向供货商提出改善要求？工厂老板可能对内部员工的抱怨视而不见，难道还敢对客户的投诉选择性失聪吗？每一次跟单的困难，都能总结为帮助供货商不断提升的方案。把公司品管部调动起来让他们跟进，这都是鲜活的学习与管理供货商的好材料！

更重要的是，跟单对掌握供货商的能力与成本有巨大的帮助。因为你在前线亲历其中，慢慢你会明白，为什么你会对一些供货商"恨铁不成钢"，为什么他们做来做去都是那么差，为什么成本永远都是那么高……跟单能积累到大量帮助采购员观察与学习的材料。要是你有一定基础和分析能力，那就更是事半功倍了。

所以，我认为跟单对一个储备中的采购供应链干部来说，是核心的学习内容。负责该供货商的 RM（Relationship Manager，关系经理，在"采购组织"中我会详加介绍）与跟单的那位供应链同事（小公司往往是同一人负责）应保持深度联系，是背对背的好搭档。两人就算不是直接的上司下属关系，也该是 dotted line（香港人叫作"半个老板"，抱歉我找不到更好的词汇）的关系，这样必定能更好地管理。亲自跟过单的储备采购经理，必定更能了解他将来的手下跟单员的工作细节。

> **小 结**
>
> 　　以上五项，我视之为"采购经理入职前三个月的学习指南"。这样按步骤走下来的采购，基础才能扎实，才能跟企业一起成长，才能更好地支持老板的各种奇思妙想。

500强企业的采购组织

工贸类500强企业的采购团队动不动都有几十至上百人,可以处理多数和多层的供货商,功能也非常的齐全,同一件事就可能有两三个人从不同角度处理。各种电话系统、制度、价值观都非常明确。大企业的采购部其实不叫作采购部,更多是叫作供应管理部门(Supply Management Operation),归直属公司的首席运营官(Chief Operation Officer, COO)管辖。

一般来说,采购负责人/专家是采购部最基本的单位,除了跟单的供应链管理专员外,数量应该是组织内最多的。采购负责人的作用是从采购角度支持产品线或事业部门(Business Unit, BU)的发展,所以他们一般是专注在某个范围内的产业而已。举例,我的一个老东家是美国家装行业的知名企业,旗下有几个品牌,每个品牌代表一个产品线,而采购负责人会被指派去支持其中一个品牌,深耕细作下去。

一、品牌、事业部门、产品线

一个品牌与另一个品牌之间,一个事业部门与另一个事业部门之间,基本上是完全不同的一批供货商。你很难期望一个专业的门锁制作工厂,能同时兼顾好做木门。这两个是完全不同的工艺,能同时做好的工厂几乎不存在。

采购负责人的上游是产品经理,产品经理的角色相当于"火车头",负责定义一个品牌或事业部门要提供给客户什么样的产品和服务。我常常说,产品经理才是外贸业务员真正的客户。这样说好了,采购员可以决定要不要跟你买这个胶膜,而产品经理则可以决定用胶膜还是用纸膜,还是用玻璃。这样说你大概知道产品经理的重要性了。

"火车头"突发奇想，采购员就要负责协助他把奇想变成可行。产品经理和采购负责人的关系密切，产品经理很多时候都会对用哪一家供货商有一定的影响力（信我，这是个很不好的事）。"我比较相信 XXX 能做好我这个产品，你觉得呢？"这样说已经是很客气的了。这两个人之间的权力斗争很容易演变为两个部门的问题。采购负责人管理固定数量的供货商，关系比较深入，对供应市场的情况也比较熟悉，效率自然也高。我个人主观的看法，是绝对不能让事业部门的人做选择供货商的决定，这是一个采购决定。一个好的企业应该正视这种问题，这样才不会内耗精力。

"事业部门－采购负责人－同行业供货商"构成了 500 强企业采购部的主要构架。有的公司，一个品牌有好几个到十几个采购负责人，也会有采购员负责两个以上的产品线或 BU 的情况。这个比例没法固定，也没有一个标准，看的是公司的取向。有些品牌多年来都不怎么找新供货商，也没有什么新产品要开发，那么配一个跟单的供应链管理专员就可以了。有的事业部门，产品经理野心勃勃，也有足够的市场去测试新品，以这么一个高活跃度的情况来说，一个专职的采购负责人可能都不够。

除了这个主轴外，地区办公室也是采购部的重要组成部分。中国是世界上最大的出口国，"世界工厂"的地区办公室的存在相当有意义。且看"中国办事处"与"总部"之间是如何互动。

二、中国办事处

（一）验货员

改革开放初期，中国办事处并不多。大部分的贸易都被中国港台地区的贸易商包办了。随着国内工业日益成熟，贸易量增长，国外大企业开始建立自己在中国的私人团队，把这种贸易服务"私人定制"起来，直接取代了中间人。

最初，中国办事处的功能往往只是最基本的验货和质检，负责人员为验货员。因为验货是离岸贸易最无法亲自进行的环节。绝大部分情况下，老外是无法自己跑来中国验货的，所以便得依靠本地的团队才能深入地、及时地掌握具体的情况。"摸得到产品"永远是实体经济最大的优势，是离岸无法解决的。

（二）跟单员

下一个功能是跟单，负责的人员是供应链管理专员。原因也是相当直接的：时差和语言。时至今日，也还不是所有的外贸员都能用英文很好地跟国际客户沟通，语言的确是一个障碍。

再说，就算老外碰到一个英文表达到位的业务员，也不一定代表他能准确地得到他想要的信息和效果。买卖双方本来就是对立的，供货商很有可能不把事实真相全部告诉你（例如，业务员早知道物料不够，会迟出货，但却不先告诉客户），甚至说谎（例如，欺骗客户说仓库有货，您现在就付款吧，然后收了单却说货不见了……）。单靠供货商提供的信息并不完全可靠。小客户没办法也就只能碰运气看有没有遇到好人、好工厂，大客户资源充足，才不会去冒这个险。须知一个交期的延误是可大可小的。把重要的交期付托在一个小业务员的信用上，怎么可能？

所以，屈指一算，嗯，自己找人好像更可靠。反正跟单员不贵，500强的职位空缺也很容易招到人才。而且500强企业有自己的系统要求，跟单员就算只在ERP发订单也不是个轻松的事，也挺花时间，属于劳动密集型的事儿，放在欧美本土的话成本颇高。中外基层员工在工资上还是有差距的，把跟单这一工作放在更接近工厂、没有时差、同一语言、更低成本的中国办事处就变得更合情合理。

（三）采购员

等一等！你可能会发现：只有验货的和跟单的？采购呢？没有采购员，

那还算是采购部吗？答案是：不一定是，也不一定不是。这个管理模式就比较复杂了。现在我来介绍一个概念：矩阵式管理（Matrix Management）。

所谓"矩阵式管理"，可以这样理解：员工同时有两个以上的老板，一个是行政上的，另一个是功能上的。行政上是本地（中国）的架构，管劳动合同、考勤之类的事；功能上的老板一般都在总部（国外），实际上的工作内容都是总部规定的。但并不是所有中国办事处的员工都有国外的上司。事实上一般只是中国办事处的管理层才会这样。总部提出目标和要求，中国办事处管理层按老板的意思去做。事实上，业务员们平时面对的那些架子非常大的验货的、跟单的、问价的……都是前线员工，大部分连个老外老板都没有。也有一些小一点的跨国中小企业，架构没那么大，也没那么大的中国办事处，那么总部一两个人直接管理中国的几个员工，这种就比较简单了。

验货和跟单后，要是主家比较有实力，那么第三个功能就是采购了。中国办事处采购员做的，是前线为主的工作。"找""管"两方面是主力。新增、维护AVL是个很适合中国办事处采购员的工作。不断地了解供应市场，带给总部这一方面的知识更新，制定公司专属的供应形势图，这些方面中国采购员比老外采购员更有优势。为了更快速地对新供货商有个初步了解，中国办事处采购员可以"随时、及时、实时"实地拜访，快速反应的同时亦更真实。"突击检查"，当然会比两个月后从欧洲过来看厂更能看到真实的一面。

同时，中国采购员在新品开发中也会担当一定的职能，有时会直接跟总部的产品经理合作。另外，中国办事处的采购员比起总部的同事更有优势成为关系经理，因为跟中国供货商"同声同气"，比较能了解供货商真正的想法。然而总部的采购员也不是没有优点的。他们更接近项目与客户（或是内部客户），所以总部采购员往往是中国采购员的上游，在项目中多数是主动的需求方，相对而言中国的采购员就比较被动，处于下游。有时，可能因为信息转达未到位，中国采购员有可能会在忙一些重要性不高甚至已经放弃了的项目而不自知，两地的沟通常常有困难。

地方和总部的采购员，很容易在权力分配上出现矛盾。总部找的供货商中国办事处不管；中国办事处找的供货商，总部不用。比较大型的500强企业都会出现类似的问题。办公室政治这回事，不论在哪里都会出现，更何况是文化不同、沟通更少的两地办公室。不过，要处理这类问题还是有办法的。首先分工很重要，它既是分工，也是分权。领导必须把灰色地带减到最少，让同事们知道哪里才是自己的责任和权限，大家有根有据，不要过界。只要是权责分明，我相信大部分的人还是愿意遵守的。其次是我们最爱的"搞关系"。人是感情动物，很多时候我们都宁愿根据感觉而不是事实依据做抉择。平时多沟通，真心交流，总有一天能有回报的。

总部与地方的采购部同时并存是一个很合理且有效率的组织方法，关键还是在于管理。"懂得用，会很好用"，是时间发挥你的领导力了。

三、项目与功能部门

中国自古有"巡抚"。这个职位用商业的语言来说，就是项目经理。他们的工作独立于日常的组织架构，不属于任何一个部门。他们的存在是为了解决一个比较重要的主题问题，或是完成一个比较重要的目标。举一个很多人都经历过的例子：ERP建立。

一家没有ERP的公司，流程和信息一般都是碎片化的。功能部门每天都用方便自己的方法工作，久而久之各自有一套方法，互不相容。物料部说他们是这样盘点的，财务部却说不能这样做。建立ERP其实是一个理顺这种问题的好机会。然而该找谁来负责呢？找谁都会从自己的角度出发，很难看到全局。

这时候就该项目经理出场了。首先，项目经理必须全面懂得各部门的运作，例如，知道订单下了后如何查料，如何变成生产单，如何出货……他必须对这个项目的专业知识有全面的认识，知道怎样做才是对的，有什么是浪费的……我见过单有项目管理能力但不懂专业知识的人"空降"做这份工作，结果被其他成员暗中取笑"不懂行"。其次，身为"巡抚""钦差大臣"，目的性必须够强，毕竟还是要向公司交出成果的，要能好好发挥火车头的角色，做出成绩。最后,项目经理必须有交际手腕,要能平衡各方的利益。

资源不够的话,让部门员工兼任项目经理也是可以的,也不是所有项目都会碰到部门立场冲突,个人能力与对项目本身的了解,可能更重要。

另一个例子是价值工程(Value Engineering,VE)。这也是需要项目经理去带动的跨部门项目。类似的项目也可以是"质量向上小组",甚至是中国企业特别喜欢的"年会晚会筹备会"。

小结

以上我大概总结了工贸型跨国企业的组织架构。此节是我总结自身工作过的四家跨国企业(其中三家是世界500强企业)及采购行业同行的真实情况而来的,相信很具参考意义。对外贸业务员来说,了解神秘的500强采购部有助于了解买家行为;对企业主和采购经理来说,可以说是一个目标,采购部该往这个方向走。

3 至 5 人小采购团队

上一节我们看了大企业的大团队,它可以说是相当全面。可现实是骨感的,我就一个小公司能怎样呢?嗯,为了解决广大小企业的需求,Ben 叔就写了这一节:小采购团队。

小公司,心不要大。先要正确认识成立一个采购部门的目的是什么。了解"初心"后,就不要想多了,只做最核心的事情。因为事实是,你可能连最基本的事都做不好,却在野心勃勃地想做更多的事。小公司老板的心态至关重要,过了创业初期有点小成就后,不少老板就开始觉得自己万能了,以为自己什么都能做好。采购团队跟着老板折腾,把原本做得不错的业务都放弃了。公司形势大好却倒于老板野心的不在少数。

另一种特别多的情况是管理，啊……不，是"过度管理"才对。不知老板您是想太多了还是被培训老师洗脑了，只有几个人的小团队居然就搞起军训来。须知管理是有成本的，你得找人天天盯着员工，这是不是得不偿失？老板一般都心中没数，都是看隔壁家王老板是这样干的，他也来学了。

对外更是无知。有的老板觉得自己订单太少了就对供货商低声下气，反之，有的老板以为自己手握亿万商机高傲得很。这个问题其实还是定位不对而至，对自己了解不够，对供应市场同样认知不够，不知己也不知彼。另一个问题就是谈判技能不高。不会与供货商聊合作，对砍价无从入手，供货商说这已是最低价了，你就觉得你们已经买得很便宜了。为什么会这样？？穷！没钱请经验丰富的采购员，只能靠一个资深采购员带一两个新人。一分钱一分货，怪谁呢？

这些种种都是小公司采购部的常见问题。现在让我们试试拆解每个问题看看，从中分析小团队该如何做才对。

一、初心：稳定与性价比

企业各有不同，我是无法给大众定义出一个通用的"采购部初心"的。我只能设想一下，一家初创企业对采购部有什么样的要求。我认为可以总结出几个关键词：有、稳、便宜。

采购部最初的目标是"有"（Availability）。不要觉得理所当然，觉得所有东西只要花钱就一定能有。没错，你身在一个工业强国，加上网络的力量，许多东西都是触手可及，但也并非要什么就能有什么。相反，我遇到过许多"在中国没有这东西"的情况。举个例子，你的客户可能让你找某种物料，对参数有比较特殊的要求，并非国际大品牌（如 GE）的标品。可能在国内能找到类似的物料，但无人能满足你要的特殊参数要求。参数的要求其实是对技术能力的一种挑战，找不到供货商也不是很奇怪。

再来，我不知道第二个目标是"稳"还是"便宜"，哪一个较为重要。这两者中，貌似是稳健的供货商比便宜的重要，但也不一定是这样，得看具体情况。初创企业分毫必争，便宜的供货商当然是相当重要的；初创企业诚信也很重要，总是出现问题的供货商大大影响客户关系。这件事永远都不要走极端，平衡这些事，也永远是采购员的重大工作。

这里我想说的是，初创企业只需也只能专心于这两到三件事上，不做其他无谓的事。钱都要花在刀刃上。要是真的两三件事也做不到，那最少请做一件。

二、简化：只做能做的事

首先，多余的文件不要做。尽量授权前线的采购员，减少审批流程。现实是，大部分的采购员的工作都是跟单。供货商总是出问题，每次都是头痛医头，脚痛医脚，焦头烂额，根本没有机会解决问题的根本。更可怕的是，我还听说过采购员帮供货商找原材料。供货商一句我找不到，你就为他服务到底。找到原材料后还未完事，每一次出问题你都得出来处理，"你们介绍的供货商，我管不来"居然也成为把事情推给你的理由。我心想，做你们的供货商真不错，赚钱之余客户还能为他服务。

你可能会冷笑一声，哼，有什么办法？难道不交货了？这生意不做了？Ben 叔可以直接回答你：好，那就真的不要做了。你有必要站在一个比较高的层面去看这件事。既然你现有的供货商没能力去做，那基本上也就代表了这不是你的常规业务，而你并不具备做这生意的条件。真要做的话，那叫勉强做。勉强做也行，但必须计算好得失，你这个新要求带来的利益，有没有抵得过多出来的管理成本。只做核心的事！所谓核心，就是你已经做得顺手的事。如果这是非核心的事，那你，采购经理，有责任把多出来的成本给大家弄明白，让老板/项目团队知道。要是老板最后还是让你去做了，那最少它是领导下的指令，而不是不明不白的工作量。

三、对外：自我认知

有些中小企业对供货商很忍让，生怕人家不再做他生意一样，错了也不敢处理，甚至不敢提出来；有些却反过来非常苛刻，生意小，要求多。是什么造成这样大的分别呢？我相信是"认知"。对自己的采购力与市场的供应情况欠缺一个正确的认知，怕自己太小，或误以为自己很大。我认识一些相当能干的业务员独自创业，开发客户能力过硬，可是却对供货商低声下气。我往往都是给他们这个建议：把你花在客户身上的时间的三分之一花在聊工厂、聊供货商上，你应该可以逆转形势。对供应市场保持了解，不断更新信息，永远都要在找新供货商的路上。

四、领导：不是管理

我听过一个笑话，是关于早年的国企的。工人们在车间工作，后面站着一个人，不用从事生产工作，就是盯着工人们劳动。这人叫作主管；主管们后面还坐着一个人，一样只是盯着主管们。这个人，叫作经理。

我相信这只是一个笑话而已，应该不是真的。但现实是，我看过四个人的采购部，一个经理，一个主管，一个采购员，一个助理。人少官僚体系大，真正的大公司病。西方管理学中鼓吹"平面组织"（Flat Organisation），从老板往下最多是两三层就够了。我看国内也开始有互联网公司在这样做了。我不太肯定这个方法对大公司是不是有效，但小团队绝对应该这样做。

我不太赞成小公司把太多的精力放在管理上。我知道有些老板，天天要员工学习这个，汇报那个，按他们的理解这是在做管理。我私下跟他的同事了解过，大家心中都有问号："老板要我们做的这些事，对公司有什么用吗？我想多做点事，公司业绩好一点，你好我也好啊。"当老板在想怎样不浪费那些已经花在员工身上的钱时，员工其实比他成熟，在想自己怎样为公司提供价值。管理员工不如领导员工，但领导员工的前提是老板有一个正面的心态，整个组织是往一个方向一起努力，而不是你防我、我又防你这样的互相消耗。小企业，特别消耗不起。

那么，具体怎么建构小团队呢？

"Ben叔，我有个小公司，团队该怎样弄才好？"

一个领导，有三到五年行业经验，必须有工厂经验；

一到两个前线采购员，有一年工作经验；

够了。

等等！这不是Ben叔你上面说的穷组合吗？没错。要是你真的穷，那又有什么办法呢？看看下文，能做多少算多少吧。

前线采购员的工作主要是跟单，必须跑工厂。让他熟悉最基本的下单、跟单、出货三部曲。这部分占了他六成的时间，可以了。剩下四成，做报价去。如果只有一个前线采购员，那当然没得挑，什么都是他去报价，但要是有两个人，那就可以考虑分一下工，让他们有一个专注的领域。

案例一，一家贸易公司因为历史原因（不小心接了一个非本公司专业领域的单，然后居然能做下去，无心插柳柳成荫），两大业务是时尚服装与电子产品两个完全不相干的行业。这两者的供货商很不同，采购的形态、供应市场，以致供货商心态可能都有很大的分别。像这样的情况，两个采购员以这两个行业来分工，是一个合适的做法。

案例二，某建材出口贸易公司卖地砖、油漆、地板等至海外市场，客户虽是同一类的建材进口商或零售商，但供货商却是好几种不同的工厂。同上，供应市场和形态都不一样，采购员应该以行业分工。一个负责地砖地板（比较有共通点），另一个负责"其他杂类"。但要注意一点，就是两人间的采购份额比例。要是地砖40%、地板40%、其他20%，那以上的分工就错了。这是个风险管理问题，就算两人中有一人明显是比较能干的，也不能这样分。这方面跟销售有点一样：拥权必将自重，老板要注意。

那么问题来了："Ben 叔，都有这两个小弟了，采购经理的工作不就太轻松了吗？"这样问你就真的不懂行了。以上的分工是个美好的愿景，而现实是前线员工永远都是在学习的路上，每次遇到困难都找经理。经理没管什么，那其实就是什么都得管。这个经理应该是个"拆弹专家"，解决问题的能力特别强，所有出不了货的事，都是他的事，这个工作量其实一点都不少。

新品开发是采购员另一大主要工作。新品可以是自主的（我方推向市场，自主研发产品），也可以是从客户来的（像 OEM 项目，帮助客户做新品）。不论哪一种，都要采购员的支持。前线采购员要具备管理开发新品的能力，不懂也要现学现用。这一点没有悬念，不宜让经理直接做主导。父母什么都做了，孩子就什么都不会做。让新人站在最前，采购经理对项目保持了解，不时查问，这样采购员才能成长起来，成为公司的战斗力，"以战养战"。

以上所说的跟单、解决各种的问题、跟产品开发项目，全部认真做下来你的采购团队已经忙得不可开交了。但是！务必在百忙中加一个重点常规工作：找新供货商。一家公司，不论大小新老，都必须永远在找新供货商的路上。这一点不要错误理解为要常常换供货商，绝对不是。我的意思是"找、比较、学习"。虽然说供货商在网络平台上一抓一大把，但不要误以为这些是你的"资源"。正如所谓的人脉并不是你拿了一张名片这个人就是你的人脉一样，平台上一抓一大把的供货商也不是你的供货商。就算没有订单，你也该定期把你篮子内的东西拿出去让人报价，聊得尽量深入，深入到随时可以放心地下订单的地步。当然，我相信很多人都不会百忙中抽空做这件事。但要知道时间管理有一个为人熟悉的概念：你每天花的时间可能在救火、补锅等事上，这些事叫作"紧急"，但不一定重要的事；而 AVL 这件事，毫不紧急，但是重要，这一点建议你认真思考。如图 6-1 所示。

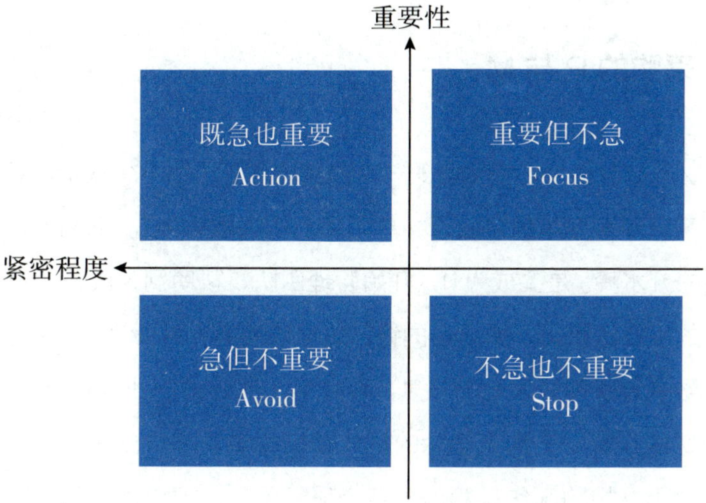

```
              重要性
               ↑
    ┌─────────────┬─────────────┐
    │ 既急也重要  │ 重要但不急  │
    │   Action    │    Focus    │
    │             │             │
    └─────────────┼─────────────┘
紧密程度 ←───────┼───────────→
    ┌─────────────┼─────────────┐
    │ 急但不重要  │ 不急也不重要│
    │   Avoid     │    Stop     │
    │             │             │
    └─────────────┴─────────────┘
```

图 6-1　时间管理方阵

采购部人事管理

我刚说完小团队不宜搞管理，怎么这一节就马上自打嘴巴了？不是的，这节所说的，并非具体的日常运作管理，而是比较偏向人事管理方面的事。职业生涯管理上有所谓的 P (Professional，专业) 和 M (Management，管理)，采购员也是这样吗？有能力的采购员，是否就能当上采购经理呢？再来我们会探讨一下采购员的一些量化指标背后的问题，例如，万年争议性题目"采购员应该拿提成吗？"和"如何考核一个采购员"。提成和考核两个问题，在销售领域大致上都有一定的共识，但采购领域却像瞎子摸象，众说纷纭。本节我也会介绍一下各种采购的头衔，好让大家跟国际接轨。以上这些采购人事管理的内容，构成本节的核心。

一、采购的 P 与 M

外贸业务员有两个迷惘期。第一个是第一年的"我不想跟单,我想接单",第二个是第三到第五年的"我想接单,但老板让我管人"。三到五年,往往是一个重要的分水岭。是要成为 M,开始管理团队,帮助别人成长,还是选择 P,成为公司的顶级销售员,赚更多的钱?这里没答案,纯看个人喜好。

在职场中大家都爱谈论 P 与 M。事实上大部分的职业都能分流出 P 和 M。用我的亲妹妹作例子,她大学念的是计算机科学,在毕业后顺理成章地成了程序员。今天,她的工作是管理一整个项目团队,把概念转化为实际的数字产品。这是一个 M 的方向。听她说,在她的行业内有资历的人,大多数都会成为 M,甚少会一直做程序员。

采购呢?首先,我当年在欧美工作时有不少前线采购员同事是上了年纪的。我当年以 20 多岁的年纪当采购经理,在亚洲算正常,但在欧美却显得太年轻了。跟他们共事,我感觉到采购是绝对有年龄上的积累优势的,特别是面对面的谈判。不是我不懂,而是一张老练的脸胜过更多的技巧。采购员的 P 是跟年龄有正面关系的。程序员要跟得上最新的技术,营销专业人士一天到晚要学习最新的平台,年纪大了不是好事,积累的经验也容易因为大环境的改变而过时。可是我们采购员的 P,不会!供与求的关系是永恒的。

采购员的 P,虽说是单兵作战的能力,但也离不开管理。管理什么?管理资信、管理供货商。你要懂得在一段关系中找出双赢之路,要熟知产品,也要熟知"供应市场"。心思细腻,口才了得,还要有高的职业道德标准。其实一个二三十岁的人,也还真的没有积累到足够的经验。业务员不妨想一想,你厉害的客户是不是都是中老年人?太年轻的人,不输在做事,而是输在做人。

一般的采购负责人(P 的典型工种)都要管理供货商,是关系经理。管理层面包括统筹项目的进度、日常出货的情况(对中小企业来说,都是采购一人全干的）、人事上的事（供货商中谁比较好说话）；策略层面包括如何定位供货商发展（是要大力支持，还是平稳细水长流）、整个品类要怎样建设供应链等，其实是个挺有趣的工作。

M呢？采购的M就是管着一群采购员。中层管理如经理该把老板们定好的大方向实行到底，把公司的策略变成行动指南，把高大上的理想落地。单是这件事，已经非常专业了。M不能是空降而来的，采购经理必须有前线采购员的经验，最理想的是有一定的工厂实习经验，那才能掌握各方的心态。M需要知人善任，如判断把某火爆性格的同事放在某同样强势的供货商是否合适之类。好的经理应该知道每位同事的背景和性格，这是经理的分内事。至于更高层的M，如采购部副总裁、首席执行官等行政人员，主要工作就是看清形势、制定策略。这些岗位所需要的知识更多更深，需要有一双看清世事的慧眼，同时，也要有强大的行动力，做该做的事。采购部组织如图6-2所示。

历史上的确是有一些自身武功高强（P）又能带兵（M）的名将，但那真是千古一人，不然也不可能在历史上留下足迹让世人敬仰。这样的人，凤毛麟角，不活在我们一般人的生活中。我们普通人有普通人的才能，能找到真正的自己，不自欺欺人地勉强自己，已经是最好的安排了。不是一定要成为经理，管理几十人才叫作成功。把自己放在能贡献力量的位置，这就很好了。

二、采购员应该拿提成吗

在问采购员拿不拿提成前，我们先来问一下：提成是用来干什么的？

跟员工分享成果？嗯，很好，我同意。大家一心为公司卖命，凭什么不对员工好一点呢？但分享成果也有很多种手段，为何一定是提成呢？提成的定义是，按生意的大小、按一定比例，给予奖金。那么采购员的产出，跟销售额有什么必然的关系吗？比如说，一家小公司中一个新手业务员辛辛苦苦地把订单跟进到出货、回款，最后项目提成还要跟公司采购部那些事事不积

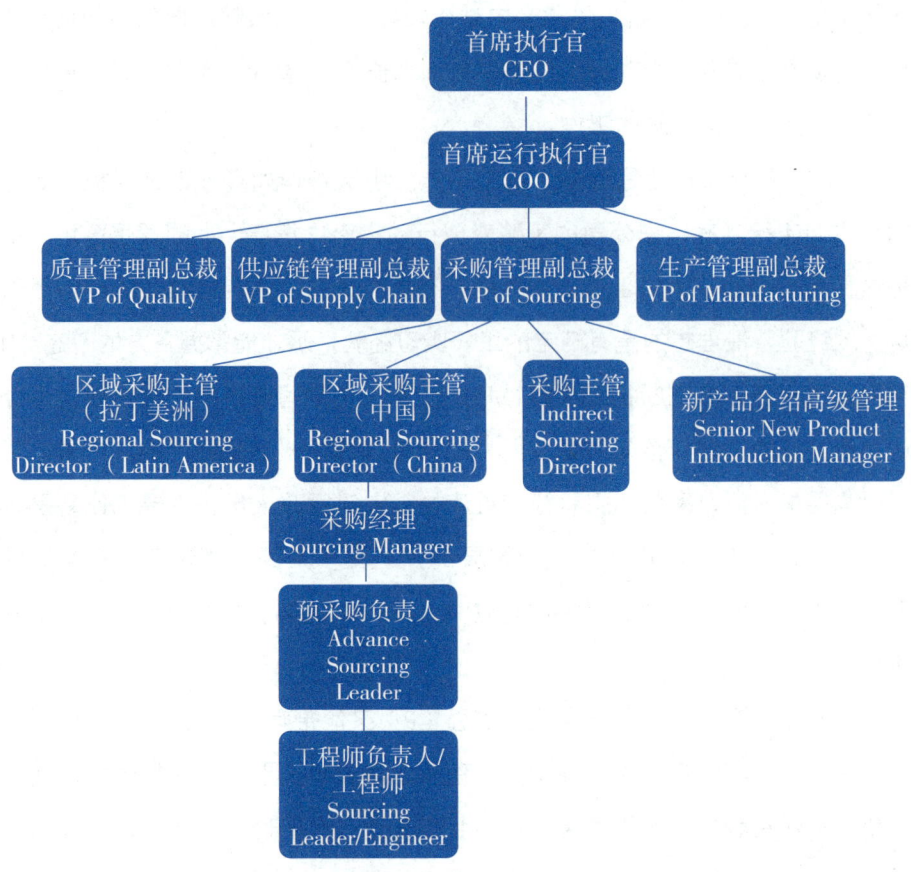

图 6-2　大采购部组织图

极、事事按本子办事的老采购员分享。这个例子可能有点极端了，但公平点说，就算我是多年站在采购员的位置，也不认为一般的正常运作中采购员对销售额能有直接的贡献。再想一想，要是一个采购员找回来的好东西，同时支持好几个业务员甚至全公司的业务，那么是不是所有业务他都该有提成？这不比做老板还好？

"不是啊 Ben 叔！我们公司那位新采购员做得很好的，这两年多亏他引入很多新供货商，我们公司业绩翻了一番！这样难道还不值一提吗？"不要误会，他的活跃和努力绝对该正面评价，但是公司的成功是所有员工的总产出，任何一个员工的付出都对公司有正面的影响。问题是：必然吗？直接吗？反问一下，没有他，这单就接不下了吗？是否有直接到值得把这一单的利润特地拿一份跟他分享。如果真有，请务必发提成（注意：业务员开发新客户是有必然而直接的贡献的，是大到值得分成的）。如果没有，那是不是有更好的鼓励方法呢？

我个人的看法，并不鼓励采购员就单一项目、客户、客单提成。真的要提的话，可以考虑以年终奖金的形式。可是，我更相信，采购员拿工资以外的金钱性奖励并非最佳的鼓励手段。难道，好好工作发挥专业，就不是公司招你回来时你所承诺的事吗？难道就不是本分吗？采购跟其他岗位比较起来，更多了一个众所周知的利益敏感性。这一点，我信"高薪养廉"这一策略。我会偏向给一个比市场价格高的工资，让采购同事珍惜这份尊重与这份工资。"高薪养廉"是一个全球都在用的有效策略，包括发达国家的公务员和纪律部队，大家就不要怀疑了。真正的难处，可能是初创公司出不起高工资。

除了高底薪外，我也赞成就特定项目设奖。特定项目不是常规运营的项目，而是为了某种特定目的而设的。同时，也必须是采购员特别关键的项目。我举个例子：某主力产品要针对其中的关键部件找后备方案，此事事关重大，因原供货商在短期内有已知的供应风险。如果真的停了我方立刻会停产，公司的死期将至。这样的情况下，采购员的工作就变得异常的关键了。这样的情况，就值得立项，然后大力鼓励采购员。成功了，你是公司的英雄，也会有奖金；失败了，你自行离职。

再来一个例子：老客户给了个新产品的概念让我方开发，然而有好几个部分我们目前的供货商是做不到的。如果要接下这个订单，那就必须让采购员积极地找新厂。大家认为这种情况该不该有提成呢？我的看法是不该。这只是一个日常的工作，"支持新项目"跟"救急现状"是两回事。这样的新项目，一家正常的企业都会有，数月一次到一月数次不等。要是这样也要给提成，很容易养成采购员的一个坏习惯：这次没提成，不用太认真做了，下次有再做吧。乱给提成，有时反而适得其反。

我也见过有些公司（而且还是相当大的公司）以成本控制为根据来设提成。我听了后不小心笑了出来。如果采购员早知道公司有那么好的福利，那为什么不一开始先找个很贵又很好的供货商，然后每年慢慢做成本控制，每年慢慢跟公司分利？这个制度并没有鼓励采购员做好本分，反而鼓励他们在开始时做得差，这一点实在不妥。

总体而言，我的意见是反提成，反奖励。<u>管理销售业务员是低低的底薪，高高的提成，以图狼性思维，从低往上走；管理采购员，千万不要用同一套。</u>我建议高的起点（底薪、福利），高到让员工在乎珍惜这份工作，然后用罚的方法，从高往下走。但注意必须罚得有根有据，公平、公正、公开，这事关重大，不要让员工觉得每个月其实根本拿不全底薪。也该设一个罚的底线，不宜罚到过了这个底线。我一向认为，底薪是保障员工的基本生活和尊严，不可随意乱动。心态上，采购员也该往专业而非狼性的方向引导。采购员太有狼性也绝非好事。

500强公司会把"底薪"这个概念分为两层：Basic + Stretch。Basic就是真正的底薪，怎样都动不了的，受老板的诚信和法律所保护，就算员工做错事了也不能动。（据我了解，很多工厂的老板都随意扣员工的工资）Stretch就不同，那是一个目标，要跟关键绩效指标考核挂钩，但又不是直接的提成，可以理解为"发提成不止看业绩"。而且Stretch是封顶的，是一个"可预期的收入"，只要努力就有可能拿到。这种管理方法也挺适合用在采购上的。

三、如何考核一名采购员

我认为当公司长期保有三名左右的采购员时，就该考虑制订一套完善的采购管理方法，其中包括如何去考核采购员。一说到考核，很多人都觉得像是考试，容易带上负面情绪。事实上，考核应该是一个让个人和公司都能进步的好机会。领导们宜正面地传递这个思想，多往员工成长和进步方面引导，少给员工点压力。虽然我们都知道商场的残酷，但管理还是正面的比较有效。

全书我都在表达"稳"与"省"两个采购的重要指标，顺理成章，采购员也该往这两个方向考核。但这个省字，也有几种不同的理解和体现。现在我们看看如何花式考核省钱吧。

（一）成本节约（Cost Saving）

这是最直接的指标。去年某产品的采购价是 10 元，今年新价谈到 9.5 元了，那就是 5% 的成本控制。注意这一项指标所指的，必须是实实在在的省钱，而不是各种形式的间接成本压缩。在有足够的数量的前提下，对一个半新产品来说，不太可能没有成本控制的空间。供货商报价时一般比较保守，有一定的空间（要是真没有，那要不就是供货商经验不足报错价，要不就是想低价切入的投机取巧者。不论选哪一个，都是采购员的错，责无旁贷。而你的供货商也必定会告诉你，那已经是最低的价格了），在生产某产品一年以后，工厂理应更能掌握实际的成本，能省则省，更有利润空间帮助客户提高竞争力。降价，合情合理！

这一项不该只看百分比，更应同时看总金额。因为就算谈判很成功，压价了一个很高的比率，我方却没多少订单给人家工厂。白谈了！相反，要是有很大的订单，就算只压价 2% 的比率，也会对公司产生比较大的正面影响。所以，采购员要懂得效率，你不可能每个产品都要求供货商降 10 个点，那是不现实的。至于谈判的重点在哪，四象限分析可以帮到你！挑影响大的、风险小的来压。

另一项要注意的事，叫作 offset，中文叫作"对冲"。要是一味地追求成本控制，可想而知结果可能是供货商偷工减料，在其他的地方补偿，长远来说一定会有负面影响。但是这些可能不是马上浮现的，而是会在后来慢慢出现。对于聪明的"职棍"来说，当然是眼前的数据比公司长远的发展重要了。采购员/采购经理的这份心思，身为领导的你应该要懂得分辨才对，不要被他们误导。所以，在追求降低成本的同时，我们也要确保其他的环节没有影响。成本和风险常常都是挂钩的，要小心平衡两者。

（二）规避成本（Cost Avoidance）

规避成本是"因为采购员做了某些事所以我们避免了一些支出"的意思。我的两家 500 强前东家都有这么一个指标，但常常都让人摸不着头脑。比较简单清晰的例子是防止加价。当时是 2007 年，全球的金属价格突然大幅增加。我当时的老东家刚好做的是一个对黄铜价格非常敏感的产品，所以供货商个个叫苦连天，纷纷跟我们提出加价。这些加价全部都合理，而且这是一个全行业的问题，我们根本没有选择，必须接受，哪怕我们是行业最大的买家。当时采购部经理给我们的指令是"defend, defer and delay"（防守、延迟、拖延）——很有智慧的口号。

首先，防守。供货商来要求加价时我们尽量不接受，真不行了就接受一部分。说真的，这个行业问题我们根本是不可能全部不接受的，出一批，亏一批，工厂真的是会不出货。所以我们只能尽力把他们的要求左审右算，每分钱都要问到非常清晰。

其次，延迟。谈好了涨幅后，行，我方接受你提出的加价。没问题，你们用新价吧，半年后开始。半年太长？那最快也得三四个月，找各种理由，尽量拖延时间。这一招狠，要是几个月后铜价变回低价了，那供货商就不用加价了吧？大家当没发生过任何事。要是铜价变更贵了？那么用这个谈判价也还是不错的。要是铜价不升不跌呢？那么我们也顺利地避免了几个月的升幅。不管怎样，我们都有利。

最后，拖延。延迟是主动的，大家聊好的；拖延是无赖的。道理聊不通了，我们就唯有一问三不知地做事。为什么还未批？老板不在啊。什么时候在？可能下周吧。事实上，那是很痛苦的一件事。我只能说，在商言商，我只能尽力而为。那一年，我们全采购部门都没有任何成本控制，差不多所有的"业绩"都是在这个规避成本上，非常困难的一年。

事实上，除了上述那么明显的例子外，规避成本很多时候是挺难量化与定义的一件事，而且每次都不容易证明。举个例子，"因为找了供货商 B，所以我们避免了供货商 A 的涨价要求"看似是个明显的规避成本，但既然都用了 B 了，我们又怎会知道 A 涨了价呢？同时，在选 A 与 B 时，难道就是一面倒的 B 各项条件都好吗？那用了 B 的风险呢？要是 B 成了涨价那一方，又怎样计算呢？这个算法，有点太主观——只要口才好点，说服力强一点的，随时坏事都说成好事。作为考核，我个人认为要小心点去处理。除非像上面那个拖延涨价的经典例子一样，否则这个考核指标不宜用太多。

（三）供货商表现（*Supplier Performance*）

这里是指在这位采购人员管理之下的供货商的综合表现。除了钱之外，质量和交期往往是比较容易量化的，可以综合使用在这一项考核上。值得注意的是如何去定义供货商属于谁的这一个问题。想一想，一个表现好的供货商究竟是找得好、本身底子就好，还是管得好？要是找（Sourcing）和管（Relationship Management）不是同一个人，那么怎样算呢？情况有点像业务员和跟单员，业绩好，是谁的功劳呢？我相信这个有争论。

（四）寻找新供货商（*New Supplier Engagement*）

居安思危，采购该常常保持在找新供货商的状态。除了小众行业外，大部分的企业其实并未真的清楚了解这世上有多少供货商能让他选择。单是看一圈那些有可能成为供货商的工厂，都已经是个不小的工作量了。然而，这是一件值得花时间、花资源去做的事。前线采购员该把这作为一个指标，每年审核。至于这个"Engagement"的定义却可以弹性点去处理。不一定是要真的成了供货商才算，领导也可以将其改为"成为 AVL 的供货商""看过厂的供货商"，甚至可以是报过价、关系不深的供货商。这都全看领导们想考核什么。某种程度上，要报价这个行为本身也代表了前线采购员找新供货商的热情，是一个活跃度的好指标。

以上的四个指标是我建议用作采购员周年考核的标准。供应稳不稳定（Supplier Performance），省没省到钱（第一和第二项都跟成本控制有关），有没有为将来铺好路（新供应方面）等方面都包括了。单就采购方面的专业性来说，考核已经充分了。

四、采购的种类

采购是一个行业的总称，细分之下会有好几个不同的工种。这一节我们便把采购的所有工种分开讲解，采购员看看自己的名片头衔就知道公司对你工作的定位；业务员也可以看看你手中的客户名片上的头衔来判断对方究竟是做什么工作的。

（一）采购（Sourcing）

Sourcing 是在购买领域最常见的职位名称，尤其是美国公司的采购。大部分的时间里 Sourcing 做的是前线工作，比如寻找及确认新供货商、维护与现有供货商的关系。在较小的公司里他们有时也是产品开发项目经理。然而，除非很小的公司，我很少会看到他们跟进采购订单和交付。

（二）采购（Procurement）

当我在字典里查到这个单词的时候我忍不住笑了。这是对这个严肃的职业开的一个小小的玩笑。然而，逻辑是一样的。Procurement 致力于前段的搜索和甄别新的资源，后段的就不一定是他的工作范围。我感觉这个名称在欧洲企业中比在美国企业中常见。

（三）采购（Purchasing）

Purchasing 类似于 Sourcing，这也是一个常见的职位名称。非常多用于中国香港的企业。然而，实际上 Purchasing 意味着有更多的购买/下单行为，而不只是寻找/发现。当我看到这样的名称时，我的感觉是这个公司要不就是业务非常小，只有几个人处理整个供应链管理过程，要不就是大型企业，Purchasing 的人只需要处理下单（属于供应链多于采购）。

（四）商品经理（Commodity Manager）

有这个头衔的人很像是来自大公司的。商品经理通常专注于一个或两个过程/物料。我听过一个有趣的故事：一个在麦当劳管理西红柿酱的商品经理可能影响全球西红柿的价格。这可能有点夸张，然而在一个主要生产黄铜门锁的老公司，商品经理需要密切关注全球黄铜的市场价格，以便做预测和建立成本预测模型。在一些较小的公司里，商品经理很可能是只管理特定的产品/业务的供应。

（五）买家（Buyer）

Buyer 是业务员的最爱，他们是给业务员下订单的人。初级买家关注文件，而资深买家可以做的远不止这些。在一些公司里，买家决定着供货商之间的订单比率——所以供货商应该多多重视！即使采购经理批准你成为他的供货商，入了 AVL，Buyer 仍有权不多发给你订单。

（六）买手（Merchandiser）

一些时尚和礼品行业的采购员大多使用"买手"这个头衔。买手需要各种技能组合起来完成他的工作。他们关注市场趋势，然后决定为公司采购什么。大多数情况下，他们还会直接面对客户，向客户推荐他们认为好的产品。有经验的买手对公司来说是贵重的资产。一些企业依靠他们的市场敏感度而生存下来。

（七）间接采购（Indirect Sourcing）

成本分为直接成本和间接成本，采购也可以这样划分。间接成本是什么，间接采购就做什么。例如，工厂的设备和能源需求、非直接跟生产有关的各种外包服务、买办公室文具等都是间接采购。虽然采购的不是直接的生产物料，但间接采购对公司的影响也是可大可小的。大至工业设备、建筑工程项目的投标，车队、猎头等服务的外包，计算机系统的建置等，小至办公用品订购——由于范围很广，涉及的专业知识太多，所以间接采购经理多数都只是负责走流程。专业的评审部分（如猎头服务就让人力资源部门参与）宜让有关部门参与甚至决策，间接采购经理确保整个过程符合公司采购规定。

相比起直接采购，间接采购有更多的一次性供货商，往往也有更多藏污纳垢的机会。又由于间接采购跟其他部门的互动较多，成效直接影响其他部门的工作效率（如设备好不好用直接影响生产水平），所以也会出现较多的人事关系上的摩擦。一般来说，间接采购建议起用人际沟通能力强一点的人。流程一定要确保合规，这样就能最大限度避免腐败。

（八）供货商开发经理（Supplier Development Manager）

不知大家有没有听说过，做某些客户（如日本客户）是个好的学习机会，因为客户在利用供货商的同时，为了让供货商更好地服务自己，都会教导供货商大量的知识。这些知识包括生产技术、行业习惯（Best Practice）、产品知识等。这种行为就是供货商培养，而这种知识的传导工作，就是这个工种的职能。

这个职位上的人员同时具备采购、工程、品管之能。我见识过的几个从事这个职业的老外，都是非常有经验的人，一般年龄都较大，在公司工作了比较长的时间，所以熟悉很多没有记录下来的细节。不知为何，我总想到"家有一老，如有一宝"这句话……

（九）首席运营官（COO）

苹果公司在乔布斯后的CEO库克（Timothy D. Cook），他在正式上任前就是在COO这个位置。COO可以理解为"除了销售、财务外，啥都管"的大管家。对传统的生产型企业来说，COO下面的人包括公司在各地工厂的厂长、品管部的负责人、物流总监，也包括采购部的老大。有些企业还包括所有的分公司总经理，等等。总之，这是个非常大的官，但不管销售和财务。

Ben 叔的职业生涯

后记

来到本书的尾声了，关于采购的种种事，我都已经在本书中尽我所能说过一遍了。作为最后一节，我想随心所欲地写写我的采购职业生涯。

我于1999年毕业于香港科技大学，念的是化工系。香港没有工业，更没有化工。要是从我的专业出发的话，找工作相当困难。我的第一份工作并不是采购员，而是一家中日合资工厂中方业务部的项目工程师，负责新产品开发跟进。刚好我会一点日语，也是跟工业有关的学科出身，人家就收了我。那份工作工资低、工时非常长（晚上还得陪客户喝酒），责任大到我不信是我这个拿几千元工资的小弟该承担的，但是，这是一份好工作。往后的日子，我都非常庆幸自己的第一份工作能有这样的学习机会。工厂的非人生活，让我学习到产品是怎样从概念变成实物，是怎样从第一件变成第一万件的。也让我知道工厂内每个岗位上的人的想法、立场。日系厂商的质量观念也对我有很大的教育意义。在以后的采购生涯中，这段驻厂经历非常有用，也让我在后来招采购员时，硬性规定其要有待过工厂的经验。

2002年年初我加入了我的第一家500强企业，3M香港，算是第一次真正担任500强企业的采购职位。当时我是负责香港本地的供货商。第一次做采购就把我从美好的幻想中拉出来了。一个个事业部门的"内部客户"天天像追债一样地问我供货商交货了没、某订单什么情况等，工作压力没有比我在工厂时候小。经验不足，同事也没教我，年纪轻轻压力大且全都要独自承担，让我快速成长了起来。在那个年代，大量的欧美企业都在香港（还未去上海呢）成立采购办公室，水涨船高，我的"500强企业采购经验"很快就转化为我的职场叫价能力，我轻易就能找到另一家跨国企业，且它会以高出不少的工资聘请我。当年的我急需要钱来还债，所以也不想发展空间的事，有钱我就走。

第二家公司并非500强企业，但也是跨国企业，我也开始有了小团队要管理。这份工作有个特点，就是需要做大量现货采购。我们买成品，除了包装外什么都不用改。这跟我以前的产品开发经验不同，实际工作就是我前文所说的 buyer，我的眼光会影响到公司业绩。买对了产品，我们赚钱；买不好，库存就压下来了，一不小心还成为死货。这时期，我第一次真切感受到采购所做的事跟企业生死有这么大的关系。当时我的直接上司也很有意思，他的各种采购谈判套路让我拍案叫绝，那段日子我学到了非常多东西，非常感谢他。

后来这家公司的在华策略变了，老板也换了，我也考虑换新工作了。大形势＋相关的工作经验，找一份条件更好的工作根本不难。很快我又跳到另一家美资500强企业，资本更雄厚，规模更大。这家公司是北美第一的行业巨头，在全球都有业务，美亚两洲都有自家工厂，也有采购，常常面对双重来源、养厂等的策略性问题。我在这家企业工作的四年间，分别在中国香港、厦门以及美国加利福尼亚州、宾夕法尼亚州等地工作和生活过，在美国宾夕法尼亚州看过关厂时的人心惶惶，也见证过在厦门办厂时的意气风发；感受过加利福尼亚州同事一边依靠却一边防范中国办事处采购办公室，也目睹过小工厂因为我们的订单发家致富到后来反客为主。人生百态，职场百态，让我大开眼界。我可以毫不夸张地说，这家企业是我真正的大学。至此，我的采购生涯不再仅仅是一份拿钱做事的工作，而是一份真正的事业。

四年中比较值得回味的两段，分别是在加利福尼亚州短暂的生活，以及在厦门成立新工厂的供应链那一段经历。对我一个土生土长的香港"屋村仔"来说，美国的生活方式和环境对我冲击挺大的，哪怕我一直都活在"国际大都会"，它还是让我有很不一样的体会。在公司内，美国人的工作方式也跟亚洲人挺不同的。总结一个词：competitive（好竞争）。美国职场有一点我很喜欢的，就是大家都爱很直接地主动表现自己。例如，在亚洲我们会抱怨公司这不好那不好，组织没给机会，平台又怎样不行，但在美国可能他们就做一个 PPT 出来跟领导说要怎样改善，然后开口要资源。当然我不会单凭我个人的经验就总结一个"美国人怎样，中国人怎样"，这只是分享，不具总结性。美国人当然也不加班，加利福尼亚州的气候那么好，躲在办公室工作简直是浪费！我也是下班就跟同事去海滩。回想起来，那也是一段美好的日子。

厦门的工作是在加利福尼亚州的工作之后。其实去加利福尼亚州的目的在于准备厦门工厂工作的事，所以准备好了，就回国上岗去了。从毕业后，我就开始离开中国香港到内地工作了，所以还不算不习惯，唯一比较有难度的可能是我的普通话（到今天哪怕我要常常公开演讲，我的普通话也真是相当普通……）。幸好福建人也不会笑我的普通话（笑），大家互相猜一猜说什么，也增进感情。工作上，从零开始把一整条供应链建立起来，是个复杂且要考虑很深入的项目，不敢掉以轻心。我兼任了两大主要工艺的产品经理，需要一个个供货商去看、去谈、去核实。内部还要建立 ERP、供应链的排列（谁跟谁买，我们自己跟谁下单……），要培训新手采购/供应链员工，写 SOP（Standard Operation Procedure 标准操作流程），等等，忙得不可开交。当年我也遇到两位很厉害的上司，做人做事都非常有手段。两位高人今天都在非常知名的欧美企业任供应链的要职，这更加让我肯定了顶尖职场高手的处事作风。他们从来没有手把手地教我，但跟这些高手共事，从旁观察他们做事，本身就是个相当珍贵的学习机会。

2008 年我因家庭原因离开了这个东家，回到香港工作，加入了某欧洲巨企的香港分公司，负责亚太地区供应链策略合作事务。随后的另一个四年，我在这家企业面对的又是另一种很不同的供求关系。当时其中一项具体工作内容我写在了第四章中。当时我游走在法国、芬兰，以及中国深圳和北京四个地方，也涉足爱沙尼亚和韩国等地的非中国供货商的关系管理。我对实质的供应链运营和产品开发早就驾轻就熟了，但这份工作的最大挑战是处理策略性商业关系，这并非我轻易就能用文字写出来的。我的老板是法国人，全球各地都是他的采购范围，而我则负责亚洲事务。2010 年公司安排我去德国慕尼黑受训，那段时间就像在一家世界级的商学院学习一样，跟企业内其他国家的年轻领导者一起学习，我感觉自己跟这些顶尖人才们也没差很多，自信心到达了新高点。对于这样一份好工作，我有时回想起来都觉得要是这是我在40岁时遇上的工作，我可能就永远是个职场人，不会离职，也不会创业了。要是运气好一点，在55岁退休时可能成为中国区总裁也说不定。可能是传说中的"对的人（工作）在错的时间出现"，30岁的我却感觉到这份工作，不，是这类型工作的局限性。在这种国际巨企的中国采购办公室工作，我当时可能已经到达"天花板"了，上面只会是总部国家的欧美人士，就算我再努力再出色，也不能往上走了。那几年，有一句话一直在鼓动着我：再不创业就老了。

可是，紧接着就来了一个大问题：做什么生意呢？业务员离职了可以找以前的老客户，人家可能会冲着多年的关系给点面子，给点生意机会，对初创业也算是种优势。可我呢？采购员创业有很大的难度。供货商关系人走茶凉，就算真还有一点，工厂也是希望我帮他们接单而已。但当时我的确到了一个人生转折点，非常肯定自己离开职场去创业的意向。时年2012年，我35岁，正式放弃了我的采购工作，做自己的老板去。

我只有采购的底子，没有其他方面的经验。而且，当了多年采购员我也有了"大爷病"，觉得自己要厚着脸皮做销售根本是无法想象的事。而跟我一起"落草"的伙伴——一位法国同事，专业背景也是采购员，他的工程能力比较强，而我则强在商业方面。现在回想起来，这样的搭配，我居然也敢去创业，太有勇气了。唯一让我比较有信心的，可能是商业模式吧。我当时想到了一个"付费采购"（Paid Sourcing）的概念。简单说，老外付我们服务费，我们就提供采购服务，根据客户要求，从RFQ起做到AVL的阶段。我们不负责选供货商，也不会下单。我们仅提供此服务而已。借用《精益创业》一书的说法，这个核心服务就是我的"最简可行产品"（Minimum Viable Product）。我很清楚，世上任何的买卖关系在某种意义下都是对立的。我多赚一分，供货商便少赚一分。所以我这个"付费采购"的服务，在一大群贸易商中，算是一个小众的服务，一片蓝海。我站在客户方的角度去想，要是客户的项目量很大，不想被中间商抽成，但又希望在中国有人有团队处理这些既专业又烦琐的前线采购工作，那这个服务也不失为一个好选择。而且我们承袭 500 强企业的采购风格，每件事都讲求流程、方法论。我们这一套也很受中国大型企业的欢迎。我们第一个客户是法国一家顾问服务公司，算是同行。看到我们的"功底"后，便信任我们，合作起来了。

可是，我没有坚持到底。由于种种原因，我在创业第二年便和法国朋友分道扬镳了。不过至今这个公司还在，已经成长为二十多人的小企业了，而且当年我想出来的这个付费采购模式仍然是此公司的重要业务，这让我觉得很欣慰。采购专业虽然没有为我留下有用的客户群，但是我利用我所了解的买家行为和心态，打造了一个为他们服务的创新商业模式。

我离开是因为我的第二次创业：巧克力生意。不是一般常见的好吃的巧克力，而是"好看的巧克力"。这是个有趣而又成功的生意，但我怕我一写就一发不可收拾，所以就不多说了。有兴趣可以看看我官网上的专栏《我和我的生意们》。万万没想到，以前在采购工作中培养的选品能力，能在这次创业中发挥出来。这是一个单纯买卖的贸易生意，成功创办后我也没有自己去管理，创业才是我要的。2017 年，我又开始了另一个生意项目：Ben 叔的商业英语（BE）。其实从 2013 年起，我已经活跃在外贸界，分享过不少文章。说来有趣，最初我是因为在阿里巴巴上看到外贸人的一些想法，觉得不太对，于是我便提出自己的看法来。不少人都对我的"采购眼"感兴趣，慢慢地，我把一些对买方行为上的见解写成一篇篇的文章来。2016 年我用了更直接的方法教导新手外贸员如何写邮件。写一手好邮件本来就是 500 强企业的职场生存之道，可以说是我的日常工作，不写不习惯，不写不舒服。回想到以往看过不少中国供货商写的邮件，有的词不达意，明明是善意的事却因语文能力与文化差异而被曲解；有的卑躬屈膝，面对客户（我们）的无理取闹、过分要求只能节节败退，每每遇事就立即割地赔款，不懂得站在自己的立场争取该有的权利。原因不只是沟通（E）不到位，而是商业（B）思维局限，不懂换位思考。因此，我以真实投稿的个案为基础，写了近一百篇的"日常电邮批判"，得到外贸界许多非常正面的回响，其中前三十篇也收录在我另一著作《左手外贸，右手英语》中，成为外贸人日常的工作工具书。2017年我更进一步把外贸培训、咨询顾问发展成为我的新个人事业，一边卖巧克力一边教书。2018年年底正逢中美贸易战爆发，我的培训事业有幸被国际媒体彭博社做专题访问（见下图），这也让我更肯定自己所做的事是有意义的。

采购一直是我职场生涯的主题曲，不论是上班或是创业。我从来没有规划过什么，没选择过采购，反而像是被采购行业选择了一样。感谢我在职场和商场上遇过的人，给我机会，让我成长。最后，回应我在本书前言所写，采购是一个被严重低估了的重要岗位。借着这本书，祝愿这一行业能往更专业、更健康的方向发展。

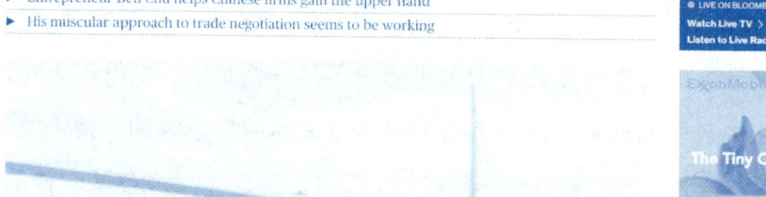 

彭博社的专题访问

书目介绍

乐贸系列

📖 国家出版基金项目

书名	作者	定价	书号	出版时间
1. "质"造全球：消费品出口质量管控指南	SGS通标标准技术服务有限公司	80.00元	978-7-5175-0289-0	2018年9月第1版

📖 跟着老外学外贸系列

书名	作者	定价	书号	出版时间
1. 优势成交：老外这样做销售（第二版）	Abdelhak Benkerroum（阿道）	58.00元	978-7-5175-0370-5	2019年10月第2版

📖 外贸SOHO系列

书名	作者	定价	书号	出版时间
1. 外贸SOHO，你会做吗？	黄见华	30.00元	978-7-5175-0141-1	2016年7月第1版

📖 跨境电商系列

书名	作者	定价	书号	出版时间
1. 跨境电商全产业链时代：政策红利下迎机遇期	曹磊 张周平	55.00元	978-7-5175-0349-1	2019年5月第1版
2. 外贸社交媒体营销新思维：向无效社交说No	May（石少华）	55.00元	978-7-5175-0270-8	2018年6月第1版
3. 跨境电商多平台运营，你会做吗？	董振国 贾卓	48.00元	978-7-5175-0255-5	2018年1月第1版
4. 跨境电商3.0时代——把握外贸转型时代风口	朱秋城（Mr. Harris）	55.00元	978-7-5175-0140-4	2016年9月第1版
5. 118问玩转速卖通——跨境电商海外淘金全攻略	红鱼	38.00元	978-7-5175-0095-7	2016年1月第1版

📖 外贸职场高手系列

书名	作者	定价	书号	出版时间
1. Ben教你做采购：金牌外贸业务员也要学	朱子赋（Ben）	58.00元	978-7-5175-0386-6	2020年1月第1版
2. 思维对了，订单就来：颠覆外贸底层逻辑	老A	58.00元	978-7-5175-0381-1	2020年1月第1版
3. 从零开始学外贸	外贸人维尼	58.00元	978-7-5175-0382-8	2019年10月第1版
4. 小资本做大品牌：外贸企业品牌运营	黄仁华著	58.00元	978-7-5175-0372-9	2019年10月第1版
5. 金牌外贸企业给新员工的内训课	Lily主编	55.00元	978-7-5175-0337-8	2019年3月第1版
6. 逆境生存：JAC写给外贸企业的转型战略	JAC	55.00元	978-7-5175-0315-6	2018年11月第1版
7. 外贸大牛的营与销	丹牛	48.00元	978-7-5175-0304-0	2018年10月第1版
8. 向外土司学外贸1：业务可以这样做	外土司	55.00元	978-7-5175-0248-7	2018年2月第1版
9. 向外土司学外贸2：营销可以这样做	外土司	55.00元	978-7-5175-0247-0	2018年2月第1版

书名	作者	定价	书号	出版时间
10. 阴阳鱼给外贸新人的必修课	阴阳鱼	45.00元	978-7-5175-0230-2	2017年11月第1版
11. JAC写给外贸公司老板的企管书	JAC	45.00元	978-7-5175-0225-8	2017年10月第1版
12. 外贸大牛的术与道	丹牛	38.00元	978-7-5175-0163-3	2016年10月第1版
13. JAC外贸谈判手记——JAC和他的外贸故事	JAC	45.00元	978-7-5175-0136-7	2016年8月第1版
14. Mr. Hua创业手记——从0到1的"华式"创业思维	华超	45.00元	978-7-5175-0089-6	2015年10月第1版
15. 外贸会计上班记	谭天	38.00元	978-7-5175-0088-9	2015年10月第1版
16. JAC外贸工具书——JAC和他的外贸故事	JAC	45.00元	978-7-5175-0053-7	2015年7月第1版
17. 外贸菜鸟成长记(0~3岁)	何嘉美	35.00元	978-7-5175-0070-4	2015年6月第1版

📖 外贸操作实务子系列

书名	作者	定价	书号	出版时间
1. 外贸高手客户成交技巧3：差异生存法则	毅冰	69.00元	978-7-5175-0378-1	2019年9月第1版
2. 外贸高手客户成交技巧2——揭秘买手思维	毅冰	55.00元	978-7-5175-0232-6	2018年1月第1版
3. 外贸业务经理人手册(第三版)	陈文培	48.00元	978-7-5175-0200-5	2017年6月第3版
4. 外贸全流程攻略——进出口经理跟单手记(第二版)	温伟雄（马克老温）	38.00元	978-7-5175-0197-8	2017年4月第2版
5. 金牌外贸业务员找客户(第三版)——跨境电商时代开发客户的9种方法	张劲松	40.00元	978-7-5175-0098-8	2016年1月第3版
6. 实用外贸技巧助你轻松拿订单(第二版)	王陶（波锅涅）	30.00元	978-7-5175-0072-8	2015年7月第2版
7. 出口营销实战(第三版)	黄泰山	45.00元	978-7-80165-932-3	2013年1月第3版
8. 外贸实务疑难解惑220例	张浩清	38.00元	978-7-80165-853-1	2012年1月第1版
9. 外贸高手客户成交技巧	毅冰	35.00元	978-7-80165-841-8	2012年1月第1版
10. 报检七日通	徐荣才 朱瑾瑜	22.00元	978-7-80165-715-2	2010年8月第1版
11. 外贸实用工具手册	本书编委会	32.00元	978-7-80165-558-5	2009年1月第1版
12. 快乐外贸七讲	朱芷萱	22.00元	978-7-80165-373-4	2009年1月第1版
13. 外贸七日通(最新修订版)	黄海涛（深海鱿鱼）	22.00元	978-7-80165-397-0	2008年8月第3版

📖 出口风险管理子系列

书名	作者	定价	书号	出版时间
1. 轻松应对出口法律风险	韩宝庆	39.80元	978-7-80165-822-7	2011年9月第1版
2. 出口风险管理实务(第二版)	冯斌	48.00元	978-7-80165-725-1	2010年4月第2版
3. 50种出口风险防范	王新华 陈丹凤	35.00元	978-7-80165-647-6	2009年8月第1版

📖 外贸单证操作子系列

书名	作者	定价	书号	出版时间
1. 跟单信用证一本通(第二版)	何源	48.00元	978-7-5175-0249-4	2018年9月第2版
2. 外贸单证经理的成长日记(第二版)	曹顺祥	40.00元	978-7-5175-0130-5	2016年6月第2版

书名	作者	定价	书号	出版时间
3. 信用证审单有问有答 280 例	李一平 徐珺	37.00 元	978-7-80165-761-9	2010 年 8 月第 1 版
4. 外贸单证解惑 280 例	龚玉和 齐朝阳	38.00 元	978-7-80165-638-4	2009 年 7 月第 1 版
5. 信用证 6 小时教程	黄海涛(深海鱿鱼)	25.00 元	978-7-80165-624-7	2009 年 4 月第 2 版
6. 跟单高手教你做跟单	汪 德	32.00 元	978-7-80165-623-0	2009 年 4 月第 1 版

📖 福步外贸高手子系列

书名	作者	定价	书号	出版时间
1. 外贸技巧与邮件实战(第二版)	刘 云	38.00 元	978-7-5175-0221-0	2017 年 8 月第 2 版
2. 外贸电邮营销实战 ——小小开发信 订单滚滚来(第二版)	薄如骢	45.00 元	978-7-5175-0126-8	2016 年 5 月第 2 版
3. 巧用外贸邮件拿订单	刘 裕	45.00 元	978-7-80165-966-8	2013 年 8 月第 1 版

📖 国际物流操作子系列

书名	作者	定价	书号	出版时间
1. 货代高手教你做货代 ——优秀货代笔记(第二版)	何银星	33.00 元	978-7-5175-0003-2	2014 年 2 月第 2 版
2. 国际物流操作风险防范 ——技巧·案例分析	孙家庆	32.00 元	978-7-80165-577-6	2009 年 4 月第 1 版

📖 通关实务子系列

书名	作者	定价	书号	出版时间
1. 外贸企业轻松应对海关估价	熊 斌 赖 芸 王卫宁	35.00 元	978-7-80165-895-1	2012 年 9 月第 1 版
2. 报关实务一本通(第二版)	苏州工业园区海关	35.00 元	978-7-80165-889-0	2012 年 8 月第 2 版
3. 如何通过原产地证尽享关税优惠	南京出入境检验检疫局	50.00 元	978-7-80165-614-8	2009 年 4 月第 3 版

📖 彻底搞懂子系列

书名	作者	定价	书号	出版时间
1. 彻底搞懂信用证(第三版)	王腾 曹红波	55.00 元	978-7-5175-0264-7	2018 年 5 月第 3 版
2. 彻底搞懂关税(第二版)	孙金彦	43.00 元	978-7-5175-0172-5	2017 年 1 月第 2 版
3. 彻底搞懂提单(第二版)	张敏 张鹏飞	38.00 元	978-7-5175-0164-0	2016 年 12 月第 2 版
4. 彻底搞懂中国自由贸易区优惠	刘德标 祖月	34.00 元	978-7-80165-762-6	2010 年 8 月第 1 版
5. 彻底搞懂贸易术语	陈 岩	33.00 元	978-7-80165-719-0	2010 年 2 月第 1 版
6. 彻底搞懂海运航线	唐丽敏	25.00 元	978-7-80165-644-5	2009 年 7 月第 1 版

📖 外贸英语实战子系列

书名	作者	定价	书号	出版时间
1. 十天搞定外贸函电(白金版)	毅 冰	69.00 元	978-7-5175-0347-7	2019 年 4 月第 2 版
2. 让外贸邮件说话——读懂客户心理的分析术	蔡泽民(Chris)	38.00 元	978-7-5175-0167-1	2016 年 12 月第 1 版
3. 外贸高手的口语秘籍	李 凤	35.00 元	978-7-80165-838-8	2012 年 2 月第 1 版
4. 外贸英语函电实战	梁金水	25.00 元	978-7-80165-705-3	2010 年 1 月第 1 版
5. 外贸英语口语一本通	刘新法	29.00 元	978-7-80165-537-0	2008 年 8 月第 1 版

书名	作者	定价	书号	出版时间
📖 **外贸谈判子系列**				
1. 外贸英语谈判实战（第二版）	王慧　仲颖	38.00 元	978-7-5175-0111-4	2016 年 3 月第 2 版
2. 外贸谈判策略与技巧	赵立民	26.00 元	978-7-80165-645-2	2009 年 7 月第 1 版
📖 **国际商务往来子系列**				
国际商务礼仪大讲堂	李嘉珊	26.00 元	978-7-80165-640-7	2009 年 12 月第 1 版
📖 **贸易展会子系列**				
外贸参展全攻略——如何有效参加 B2B 贸易商展（第三版）	钟景松	38.00 元	978-7-5175-0076-6	2015 年 8 月第 3 版
📖 **区域市场开发子系列**				
中东市场开发实战	刘军　沈一强	28.00 元	978-7-80165-650-6	2009 年 9 月第 1 版
📖 **加工贸易操作子系列**				
1. 加工贸易实务操作与技巧	熊斌	35.00 元	978-7-80165-809-8	2011 年 4 月第 1 版
2. 加工贸易达人速成——操作案例与技巧	陈秋霞	28.00 元	978-7-80165-891-3	2012 年 7 月第 1 版
📖 **乐税子系列**				
1. 外贸企业免抵退税实务——经验·技巧分享	徐玉树　罗玉芳	45.00 元	978-7-5175-0135-0	2016 年 6 月第 1 版
2. 外贸会计账务处理实务——经验·技巧分享	徐玉树	38.00 元	978-7-80165-958-3	2013 年 8 月第 1 版
3. 生产企业免抵退税实务——经验·技巧分享（第二版）	徐玉树	42.00 元	978-7-80165-936-1	2013 年 2 月第 2 版
4. 外贸企业出口退（免）税常见错误解析 100 例	周朝勇	49.80 元	978-7-80165-933-0	2013 年 2 月第 1 版
5. 生产企业出口退（免）税常见错误解析 115 例	周朝勇	49.80 元	978-7-80165-901-9	2013 年 1 月第 1 版
6. 外汇核销指南	陈文培等	22.00 元	978-7-80165-824-1	2011 年 8 月第 1 版
7. 外贸企业出口退税操作手册	中国出口退税咨询网	42.00 元	978-7-80165-818-0	2011 年 5 月第 1 版
8. 生产企业免抵退税从入门到精通	中国出口退税咨询网	98.00 元	978-7-80165-695-7	2010 年 1 月第 1 版
9. 出口涉税会计实务精要（《外贸会计实务精要》第二版）	龙博客工作室	32.00 元	978-7-80165-660-5	2009 年 9 月第 2 版
📖 **专业报告子系列**				
1. 国际工程风险管理	张燎	1980.00 元	978-7-80165-708-4	2010 年 1 月第 1 版
2. 涉外型企业海关事务风险管理报告	《涉外型企业海关事务风险管理报告》研究小组	1980.00 元	978-7-80165-666-7	2009 年 10 月第 1 版

书名	作者	定价	书号	出版时间

外贸企业管理子系列

书名	作者	定价	书号	出版时间
1. 外贸经理人的 MBA	毅 冰	55.00 元	978-7-5175-0305-7	2018 年 10 月第 1 版
2. 小企业做大外贸的制胜法则——职业外贸经理人带队伍手记	胡伟锋	35.00 元	978-7-5175-0071-1	2015 年 7 月第 1 版
3. 小企业做大外贸的四项修炼	胡伟锋	26.00 元	978-7-80165-673-5	2010 年 1 月第 1 版

国际贸易金融子系列

书名	作者	定价	书号	出版时间
1. 国际结算单证热点疑义相与析	天九湾贸易金融研究汇	55.00 元	978-7-5175-0292-0	2018 年 9 月第 1 版
2. 国际结算与贸易融资实务（第二版）	李华根	55.00 元	978-7-5175-0252-4	2018 年 3 月第 1 版
3. 信用证风险防范与纠纷处理技巧	李道金	45.00 元	978-7-5175-0079-7	2015 年 10 月第 1 版
4. 国际贸易金融服务全程通（第二版）	郭党怀 张丽君 张贝	43.00 元	978-7-80165-864-7	2012 年 1 月第 2 版
5. 国际结算与贸易融资实务	李华根	42.00 元	978-7-80165-847-0	2011 年 12 月第 1 版

毅冰谈外贸子系列

书名	作者	定价	书号	出版时间
毅冰私房英语书——七天秀出外贸口语	毅 冰	35.00 元	978-7-80165-965-1	2013 年 9 月第 1 版

"创新型"跨境电商实训教材

书名	作者	定价	书号	出版时间
跨境电子商务概论与实践	冯晓宁	48.00 元	978-7-5175-0313-2	2019 年 1 月第 1 版

"实用型"报关与国际货运专业教材

书名	作者	定价	书号	出版时间
1. 国际货运代理操作实务（第二版）	杨鹏强	48.00 元	978-7-5175-0364-4	2019 年 8 月第 2 版
2. 集装箱班轮运输与管理实务	林益松	48.00 元	978-7-5175-0339-2	2019 年 3 月第 1 版
3. 航空货运代理实务（第二版）	杨鹏强	55.00 元	978-7-5175-0336-1	2019 年 1 月第 2 版
4. 进出口商品归类实务（第三版）	林 青	48.00 元	978-7-5175-0251-7	2018 年 3 月第 3 版
5. e 时代报关实务	王 云	40.00 元	978-7-5175-0142-8	2016 年 6 月第 1 版
6. 供应链管理实务	张远昌	48.00 元	978-7-5175-0051-3	2015 年 4 月第 1 版
7. 电子口岸实务（第二版）	林 青	35.00 元	978-7-5175-0027-8	2014 年 6 月第 2 版
8. 报检实务（第二版）	孔德民	38.00 元	978-7-80165-999-6	2014 年 3 月第 2 版
9. 现代关税实务（第二版）	李 齐	35.00 元	978-7-80165-862-3	2012 年 1 月第 2 版

书名	作者	定价	书号	出版时间
10. 国际贸易单证实务（第二版）	丁行政	45.00元	978-7-80165-855-5	2012年1月第2版
11. 报关实务（第三版）	杨鹏强	45.00元	978-7-80165-825-8	2011年9月第3版
12. 海关概论（第二版）	王意家	36.00元	978-7-80165-805-0	2011年4月第2版

"精讲型"国际贸易核心课程教材

书名	作者	定价	书号	出版时间
1. 国际贸易实务精讲（第七版）	田运银	49.50元	978-7-5175-0260-9	2018年4月第7版
2. 国际货运代理实务精讲（第二版）	杨占林 汤兴 官敏发	48.00元	978-7-5175-0147-3	2016年8月第2版
3. 海关法教程（第三版）	刘达芳	45.00元	978-7-5175-0113-8	2016年4月第3版
4. 国际电子商务实务精讲（第二版）	冯晓宁	45.00元	978-7-5175-0092-6	2016年3月第2版
5. 国际贸易单证精讲（第四版）	田运银	45.00元	978-7-5175-0058-2	2015年6月第4版
6. 国际贸易操作实训精讲（第二版）	田运银 胡少甫 史理 朱东红	48.00元	978-7-5175-0052-0	2015年2月第2版
7. 进出口商品归类实务精讲	倪淑如 倪波 田运银	48.00元	978-7-5175-0016-2	2014年7月第1版
8. 外贸单证实训精讲	龚玉和 齐朝阳	42.00元	978-7-80165-937-8	2013年4月第1版
9. 外贸英语函电实务精讲	傅龙海	42.00元	978-7-80165-935-4	2013年2月第1版
10. 国际结算实务精讲	庄乐梅 李菁	49.80元	978-7-80165-929-3	2013年1月第1版
11. 报关实务精讲	孔德民	48.00元	978-7-80165-886-9	2012年6月第1版
12. 国际商务谈判实务精讲	王慧 唐力忻	26.00元	978-7-80165-826-5	2011年9月第1版
13. 国际会展实务精讲	王重和	38.00元	978-7-80165-807-4	2011年5月第1版
14. 国际贸易实务疑难解答	田运银	20.00元	978-7-80165-718-3	2010年9月第1版

"实用型"国际贸易课程教材

书名	作者	定价	书号	出版时间
1. 外贸跟单实务（第二版）	罗艳	48.00元	978-7-5175-0338-5	2019年1月第2版
2. 海关报关实务	倪淑如 倪波	48.00元	978-7-5175-0150-3	2016年9月第1版
3. 国际金融实务	李齐 唐晓林	48.00元	978-7-5175-0134-3	2016年6月第1版
4. 国际贸易实务	丁行政 罗艳	48.00元	978-7-80165-962-0	2013年8月第1版

中小企业财会实务操作系列丛书

书名	作者	定价	书号	出版时间
1. 做顶尖成本会计应知应会150问（第二版）	张胜	48.00元	978-7-5175-0275-3	2018年6月第2版
2. 小企业会计疑难解惑300例	刘华 刘方周	39.80元	978-7-80165-845-6	2012年1月第1版
3. 会计实务操作一本通	吴虹雁	35.00元	978-7-80165-751-0	2010年8月第1版